E-Book inside

Mit dem Kauf dieses Buchs erhalten Sie das zugehörige E-Book gratis. Sie können dabei aus drei Dateiformaten wählen: EPUB (gängiges Format für E-Reader und Tablets), PDF (für PC und Laptop) oder MOBI (für den Amazon Kindle). So kommen Sie an Ihr kostenloses E-Book:

Rufen Sie im Internet diese Website auf:
↗ http://www.junfermann.de/ebook-inside

Geben Sie den unten stehenden Code in das dafür vorgesehene Feld ein und klicken Sie → Code einlösen. Nach Eingabe Ihrer E-Mail-Adresse und Auswahl des E-Book-Formats erhalten Sie sofort einen Download-Link für das gewünschte E-Book an Ihre E-Mail-Adresse.

Bitte beachten Sie, dass der Code für Sie personalisiert wird und nur einmal gültig ist. Die Datei müssen Sie zunächst auf Ihrem Computer speichern, bevor Sie sie auf ein mobiles Endgerät überspielen können.

CQ4L28XD

Alicia Eaton

Alltagsängste bei Kindern

www.junfermann.de

blogweise.junfermann.de

www.facebook.com/junfermann

twitter.com/junfermann

www.youtube.com/user/Junfermann

www.instagram.com/junfermannverlag

ALICIA EATON

ALLTAGSÄNGSTE BEI KINDERN

WIE ELTERN IHREN KINDERN SICHERHEIT GEBEN KÖNNEN

Aus dem Englischen von
Christa Broermann

Junfermann Verlag
Paderborn
2021

Copyright © Junfermann Verlag, Paderborn 2021

Copyright der Originalausgabe © Alicia Eaton, 2019

Coverfoto © Nikolaj Bataev – stock.adobe.com

Covergestaltung / Reihenentwurf JUNFERMANN Druck & Service GmbH & Co. KG, Paderborn

Die Originalausgabe ist 2019 unter dem Titel *First Aid For Your Child's Mind: Stop Anxiety, Fears and Worries in their Tracks* bei Practical Inspiration Publishing erschienen.

This translation is published by arrangement with Practical Inspiration Publishing, UK.

Übersetzung Christa Broermann, Stuttgart

Satz & Layout JUNFERMANN Druck & Service GmbH & Co. KG, Paderborn

Bibliografische Information der Deutschen Nationalbibliothek Die Deutsche Nationalbibliothek verzeichnet diese Publikation in der Deutschen Nationalbibliografie; detaillierte bibliografische Daten sind im Internet über http://dnb.d-nb.de abrufbar.

ISBN 978-3-7495-0109-0
Dieses Buch erscheint parallel als E-Book.
ISBN 978-3-7495-0202-8 (EPUB), 978-3-7495-0204-2 (PDF), 978-3-7495-0203-5 (EPUB für Kindle)

Inhalt

Ich widme dieses Buch dem Andenken an meinen Vater Andrzej Olson (1930–2018), der uns gezeigt hat, dass es möglich ist, die schlimmsten Zeiten zu durchleben und sie zum Besten zu wenden.

Einleitung

Wir hören oft, dass die Kinder von heute stärker unter Stress stehen als jene früherer Generationen. Sie wachsen in einer Umwelt auf, in der es besorgniserregende neue Faktoren wie die Bedrohung durch den Terrorismus und den Klimawandel gibt, sie müssen in der Schule unzählige Tests und Prüfungen machen und werden in den sozialen Medien mit Mobbing konfrontiert: All das trägt zu einem höheren Maß an Angst bei. Unsere neuen Vernetzungsmöglichkeiten sind allem Anschein nach Segen und Fluch zugleich.

Selbst wenn Kinder Spaß daran haben, sich mit Computerspielen zu vergnügen, schüttet ihr Körper dabei eine Menge an Adrenalin aus, die nicht wieder völlig abgebaut wird. Das Gefühl einer ständigen Beunruhigung und einer „generalisierten Angst", wie man in der Psychologie sagt, kann dadurch rasch in alle Bereiche des Lebens überschwappen.

In meiner Praxis in der Harley Street helfe ich Kindern schon seit über 15 Jahren, besser mit Angstgefühlen umzugehen und sie zu überwinden, daher weiß ich um die schlimmen und lang anhaltenden Folgen, die sie haben können, wenn man ihnen nicht entgegenwirkt. Angst kann das emotionale Wachstum eines Kindes verzögern und seine Leistungen in allen Bereichen des Lebens hemmen. Sie wird Ihr Kind davon abhalten, Freundschaften zu schließen, an sozialen Aktivitäten teilzunehmen, erfolgreich Prüfungen zu bestehen und sein Potenzial zu entfalten.

Ironischerweise sind Sorgen über die Ängste eines Kindes zu einer erheblichen Stressquelle für Eltern geworden. Angst verbreitet sich im Haus wie ein unsichtbares Gas – jeder kann sie spüren, aber niemand weiß so recht, was genau los ist. Wir wissen nur, dass sie ansteckend ist.

Jedes Mal, wenn ein Kind voller Angst zu mir kommt, sehe ich in ihm ein wenig mich selbst, denn ich weiß, was es heißt, ein ängstliches Kind zu sein. Ich weiß, wie es ist, wenn man sehr, sehr große Angst hat. Ich weiß, wie es ist, wenn man in den dunklen Ecken des Schlafzimmers schattenhafte Gestalten sieht und Stimmen hört, obwohl gar niemand da ist. Und wie es sich anfühlt, wenn das Herz so hämmert, dass man Angst hat, es zerspringe einem gleich in der Brust, denn ich habe den größten Teil meiner Kindheit so verbracht – in einem Zustand der Angst.

Ich wurde als Alicja Olszewska geboren – als Tochter polnischer Flüchtlinge. Mein Vater lebte während des ganzen Zweiten Weltkriegs in Warschau und musste sich als Kind jahrelang vor Nazisoldaten verstecken und ihren Kugeln ausweichen. Nach dem Ende des Krieges wurde er als 16-Jähriger zusammen mit seiner Mutter und seinem Bruder im Laderaum eines Lastwagens aus dem Land geschmuggelt. Als sie in England eintrafen, kamen sie dort wieder mit meinem Großvater zusammen, der als polnischer Offizier in der Royal Air Force war und auch für die polnische Exilregierung in London arbeitete. Daher konnte er, wie er wusste, nie mehr nach Polen zurückkehren, und die Familie konnte sich glücklich schätzen, dass sie sich in England wieder vereinen konnte.

Mein Vater hat immer gesagt, eigentlich hätte er schon viele Male zu Tode kommen müssen. Fast täglich war er in lebensgefährliche Situationen geraten, und doch war es ihm irgendwie gelungen, mit heiler Haut davonzukommen. Er fragte sich oft, wie er das fertiggebracht hatte und warum er zu den wenigen glücklichen Überlebenden zählte, und wenn ich mir das Ausmaß der Zerstörung ansehe, das der Krieg über Warschau gebracht hat, dann staune ich ebenfalls darüber. Das Haus seiner Familie steht dort noch heute, und ein Nachbarhaus weist als bleibende Kriegsnarben Einschusslöcher auf.

Im Gegensatz dazu war meine Kindheit in einem Vorort von London ein sehr sicheres Dasein, und doch wurde nicht nur das Leben meines Vaters, sondern auch unseres von dem beherrscht, was nach unserem heutigen Wissen eine Posttraumatische Belastungsstörung war.

Mein Vater wachte regelmäßig mitten in der Nacht auf, weil er Albträume hatte, und schrie: *„Die Soldaten kommen!“* Unser Küchenschrank quoll fast über von Reis-, Nudel-, Zucker- und Mehlpaketen – Kriegsvorräte für alle Fälle. Mein Vater wurde zornig, wenn die Vorräte zu weit zusammenschmolzen – wir würden es ihm eines Tages danken, sagte er immer, wenn es Krieg gäbe und die Menschen nichts zu essen hätten. Wir hatten auch Gasmasken auf dem Dachboden … *„für alle Fälle“*.

Ich erinnere mich noch an den Tag, an dem er zur Bank ging und einen Teil seiner Ersparnisse in Krügerrand-Münzen umtauschte. *„Gold wird die einzig wahre Währung sein, wenn es Krieg gibt“*, pflegte er immer zu sagen. Eine Goldmünze konnte einem das Leben retten, denn mit ihr konnte man den Laib Brot kaufen, der darüber entschied, ob man weiterlebte oder verhungerte. Er hob unter der Eiche am Ende des Gartens ein tiefes Loch aus und vergrub dort all seine Goldmünzen.

Obwohl er als Sohn eines Luftwaffenoffiziers auf einem Militärflugplatz aufgewachsen war, hatte er große Angst vor dem Fliegen und stieg nie in ein Flugzeug. Noch in späteren Jahren wurde er zornig, wenn er herausfand, dass ich eine Urlaubsreise ins Ausland machen und mit dem Flugzeug reisen wollte, denn er war ständig in Sorge um uns. Paradoxerweise sah er sehr gerne bei Flugschauen zu und sammelte auch

Modelle von Spitfires – aber er zog automatisch den Kopf ein, wenn er über sich das Dröhnen eines Flugzeugs hörte.

Die Kindheit meiner Mutter war ebenso traumatisch, sie lebte zeitweise in sibirischen Arbeitslagern, und so wurde das Leben in höchster Alarmbereitschaft für meine Familie zu einer normalen Daseinsform.

Als wir Kinder waren, ging nie jemand mit meinen Schwestern und mir in ein Schwimmbad – Schwimmbäder mussten unbedingt gemieden werden, denn *„Wasser ist sehr, sehr gefährlich."* Wir durften auch kein Fahrrad besitzen und nicht Rad fahren – denn wir könnten herunterfallen und *„uns den Hals brechen"!* Und wenn nicht, würde uns spätestens das nächste Auto, das vorbeikam, totfahren.

Als ich fünf Jahre alt war, entwickelte ich eine Hundephobie. Ein freundlicher Labrador sprang bei einem Familienausflug ans Meer an mir hoch. In seinem Überschwang kratzte er mich an den Beinen. Als ich daraufhin Blutstropfen auf meinen Schenkeln sah, geriet ich in Panik und rannte los – und der Hund natürlich hinterher. Doch wie schnell ich auch rannte, der Hund war schneller. Ich konnte seinem heißen Atem und seinem Keuchen dicht hinter mir nicht entkommen. Und je lauter ich schrie, desto lauter bellte er.

Es dauerte über 30 Jahre, bis ich das Gefühl von Panik kontrollieren konnte, das mich jedes Mal überflutete, wenn ein Hund in meine Nähe kam.

In den 1970er-Jahren, als ich groß wurde, war es üblich, Hunde auf der Straße frei laufen zu lassen, deshalb konnte mein eigentlich kurzer Schulweg von 15 Minuten sich bis zu einer Stunde ausdehnen, da ich oft einem seltsamen Zickzackkurs folgte, weil ich jedes Mal die Straßenseite wechselte, wenn ich einen Hund kommen sah. In den 1970er-Jahren legten Terroristen in London auch regelmäßig Bomben, sodass uns meine Mutter warnte, nie dicht an einem Briefkasten vorbeizugehen, *„denn er kann explodieren!"* Dadurch wurde der Schulweg noch länger.

Also weiß ich über Angst Bescheid. Und ich kenne Albträume. Ich kenne das Gefühl von Panik, denn ich bin damit aufgewachsen. „Angsthase" war mein Spitzname. Ich weiß, wie sehr Angst einen schwächt und wie weit sie das Leben von Menschen einschränkt.

Meine Angst hielt sich bis ins Erwachsenenalter, und leider entwickelte ich auch eine Furcht vor dem Aufzug- und dem U-Bahn-Fahren – sehr unpraktisch, wenn man rechtzeitig am Arbeitsplatz erscheinen will. Und, ach ja, ich hatte auch Angst im Dunkeln … und vor dem Fliegen (logisch – das hatte mir mein Vater ja anerzogen) und vor Spinnen und … also, Sie verstehen schon.

Angst ist eine merkwürdige und ungewöhnliche Emotion. Obwohl mein Vater sein Leben lang mit einer Posttraumatischen Belastungsstörung (PTBS) zu kämpfen hatte, war er kein Hasenfuß. Er war ein starker, vitaler Charakter, der das Leben jeden Moment voll auskosten wollte – das hatte er während des Krieges gelernt. Schließlich wusste man nie, wann das Leben zu Ende war, deshalb musste man jeden Tag so leben, als sei er der letzte. Und obwohl er so leicht in Panik geraten und beim Anblick einer Spinne in einer Zimmerecke aufschreien konnte, war er vollkommen furchtlos, wenn es um sein Geschäft ging – ein großes und sehr erfolgreiches Elektronikunternehmen. Die Leute fragten sich oft, ob er einfach „Glück gehabt" hatte, aber wir wussten, der eigentliche Grund für seinen Erfolg war, dass er bereit war, Risiken einzugehen, vor denen die meisten Menschen zurückschrecken würden. Er hatte sicherlich das *Gefühl,* er sei ein Glückspilz – wie hätte er sonst den unzähligen Kugeln und Bomben entrinnen können –, und auf seltsame Weise trieb ihn seine Angst an, Großes zu leisten. Er führte sein Geschäft in Vollzeit, bis er 86 Jahre alt war.

Als ich meine Ausbildung in klinischer Hypnose und Neurolinguistischem Programmieren begann, fing ich an zu verstehen, wie Furcht, Phobien und Ängste entstehen, und – was noch viel wichtiger war – wie man sie wieder loswerden kann. Ich war fasziniert von der Entdeckung, dass es tatsächlich möglich ist, eine Spinnen- oder Schlangenphobie an einem einzigen Tag aus der Welt zu schaffen. Wenn man lernte, die Reaktionen des Körpers zu kontrollieren, bedeutete das, dass jemand, der sein Leben lang beim Anblick einer harmlosen Hausspinne zu schreien begonnen hatte, lernen konnte, nach einigen Stunden eine Vogelspinne zu streicheln oder eine Pythonschlange auf den Arm zu nehmen und sich dabei sogar wohlzufühlen.

Als Mutter von drei inzwischen erwachsenen Kindern weiß ich, wie verhasst Eltern die Vorstellung ist, dass sie ihre Furcht und ihre Ängste an die nächste Generation weitergeben. Wir haben natürlich das Gefühl, wir sollten die Starken sein, die ihre Kinder beschützen und sie zu Selbstsicherheit und Mut erziehen. Wir möchten, dass unsere Sprösslinge selbstbewusst, glücklich und erfolgreich sind – wir wollen nicht, dass sie später solche Angsthasen werden wie wir. Wir wollen etwas Besseres für sie, nicht wahr?

Mit inzwischen vielen Jahren klinischer Praxis weiß ich, wie häufig Erwachsene ihre eigenen Ängste in sich verschließen und sie vor ihren Kindern zu verheimlichen suchen. Dabei ist es nicht ungewöhnlich, dass schon vorhandene Ängste und Phobien zunehmen, wenn man Mutter oder Vater wird, denn in diesem Moment fängt man an zu begreifen, dass man vielleicht etwas gegen die eigene Furcht unternehmen muss – Sie müssen sich *„Ihren Ängsten stellen"* oder das Risiko eingehen, sie weiterzugeben. Und dieser Gedanke ist erschreckend, oder?

Das Erste, was Eltern häufig sagen, wenn sie ihr Kind zu mir bringen, ist: *„Ich habe große Angst, dass ich meine Angst weitergeben könnte“*, ohne zu erkennen, dass sie das allein durch das Aussprechen dieses Satzes in Hörweite des Kindes bereits tun. Die Sprache und die konkreten Worte, die wir gegenüber unserem Nachwuchs benutzen, können das Unbewusste eines kleinen Kindes programmieren – genauso, wie es meine Eltern bei mir gemacht haben.

Ich danke dem Schicksal noch heute, dass ich das Glück hatte, auf das Neurolinguistische Programmieren (NLP) und die Hypnotherapie zu stoßen, die mir beide geholfen haben, meine Ängste abzulegen und zu lernen, wie ich besser atmen kann.

Inzwischen ist es mir zu einem leidenschaftlichen Anliegen geworden, anderen zu helfen, dasselbe zu tun, und in diesem Buch werde ich Ihnen zeigen, wie Sie Ihrem Kind helfen können, seine Furcht, seine Ängste und Phobien zu überwinden … und (im Flüsterton) *wie Sie Ihre ebenfalls überwinden können.* Wenn Sie besser verstehen, wie und warum unsere Seele Angstgefühle entwickelt, und ein Wissen darüber erwerben, wie Sie am wirksamsten mit ihnen umgehen können, werden Sie sehen, wie viel leichter und ruhiger das Leben werden kann.

In diesem Buch werden Sie erfahren:
- was der Unterschied zwischen Furcht, Phobie und Angst ist;
- wie Sprache und Worte unser Denken, Fühlen und Verhalten beeinflussen;
- was Sie einem Kind mit Angst sagen und was Sie nicht sagen sollten;
- wie uns die neuesten Erkenntnisse auf dem Gebiet der Hirnforschung helfen können, Kontrolle zu erlangen;
- wie Sie topaktuelle psychologische Techniken und Therapieformen für die Auflösung von Angst anwenden können.

Ich kann Ihnen aufgrund meiner eigenen Erfahrung versichern, dass Angststörungen sehr gut behandelbar sind. Jeder von uns kann lernen, Kindern vor Augen zu führen, dass die meisten Gefühle von Furcht und Angst eben nicht mehr sind als das – Gefühle. Und das Gute an Gefühlen ist, dass man sie leicht ändern kann.

Teil 1

Die Zusammenhänge verstehen

1. Angst: Worum geht es dabei?

Die Zahl der Kinder, die aufgrund von Angst und anderen psychischen Schwierigkeiten Hilfe suchen, hat stark zugenommen, wie neuere Daten der NSPCC (National Society for the Prevention of Cruelty to Children, dt. Nationale Gesellschaft zur Verhütung von Grausamkeit gegenüber Kindern) zeigen. Schon Kinder im Alter von vier Jahren sollen Anzeichen von Panikattacken, Essstörungen, Angst und Depression aufweisen.

Allein in den letzten drei Jahren haben Schulen 120.000 Kinder wegen psychischer Störungen in professionelle Behandlung überwiesen, wobei 56 Prozent dieser Überweisungen aus Grundschulen kamen. Das bedeutet, dass im Schuljahr 2017 / 2018 durchschnittlich 183 Kinder pro Tag zu Psychiatern, Psychologen oder anderen Therapeuten geschickt wurden.[1]

Fachleute machen dafür die Zunahme an schulischen Prüfungen, den Druck aus den sozialen Medien, gut auszusehen und beliebt zu erscheinen sowie zerbrochene Familien und Geldsorgen verantwortlich. Hinzu kommt, dass unsere Gesellschaft inzwischen 24 Stunden am Tag mit Nachrichten versorgt wird und ein endloser Strom von Informationen über uns hereinbricht. Ob es um einen Terroranschlag mit Zufallsopfern auf einer Brücke im Stadtzentrum oder an einem Strand voller Touristen geht, um einen Selbstmordattentäter, der seine Bombe bei einem Konzert für Teenager zündet, oder um einen außer Kontrolle geratenen Waldbrand – es wird immer schwieriger, unsere Kinder davor zu schützen, all die damit verbundenen grausamen Einzelheiten zu hören und zu sehen.

Oft fühlen wir uns angesichts dieser außerordentlich tragischen Ereignisse sehr schlecht gerüstet, Kindern Vorgänge zu erklären, die extremen Stress erzeugen. Sollten wir sie von solchen Schrecknissen abschirmen oder offen darüber sprechen? Und wie können wir ihnen helfen, solche Tragödien zu verstehen, wenn wir sie kaum selbst begreifen können?

Es ist also nicht weiter überraschend, dass der Angstpegel bei Kindern hochgeschnellt ist, aber ironischerweise gehören Sorgen über die Ängste der Kinder zu den meistgenannten Gründen dafür, dass Eltern selbst schlaflose Nächte haben. Sogar wenn die Kinder „Spaß haben", wenn sie zu Hause sitzen und Computerspiele machen, schüttet ihr Körper dabei eine Menge an Adrenalin aus, die hinterher nicht wieder ganz abgebaut wird. Diese Gefühle von Beunruhigung und „generalisierter

---

1 Weitere Informationen finden Sie unter ↗ http://www.nspcc.org.uk.

Angst“, um den dafür korrekten Namen zu nennen, können rasch in andere Bereiche des Lebens überschwappen.

Der Unterschied zwischen Angst und Furcht

Angst ist das Gefühl, das wir im Vorfeld eines stressigen Ereignisses haben – sie ist, anders ausgedrückt, unsere Reaktion auf etwas, das noch nicht eingetreten ist. Wie groß unsere Angst wird, hängt sehr stark von unseren Gedanken ab – wir können sie allein schon dadurch steigern, dass wir an die Situationen denken, die auf uns zukommen, oder sie fürchten. Die meisten werden der Aussage zustimmen, dass wir uns mit unbegründeten Sorgen bis zur Erschöpfung aufreiben können – die Wirklichkeit stellt sich oft als viel besser heraus, als wir uns in der Vorstellung ausgemalt haben.

Furcht ist hingegen die Emotion, die wir erleben, wenn wir tatsächlich in einer gefährlichen Situation sind. Sie haben vielleicht schon von der „Kampf-oder-Flucht-Reaktion“ gehört – sie ist die Reaktion unseres autonomen (oder vegetativen) Nervensystems, das bei Stress Hormone wie Adrenalin und Noradrenalin aus den Nebennieren freisetzt. Diese beschleunigen den Herzschlag, erhöhen den Blutdruck, vertiefen die Atmung und sorgen für das jetzt erforderliche schnelle Hochfahren der Energie, die Sie brauchen, um mit der drohenden oder schon eingetretenen Gefahr fertigzuwerden. Das ist wunderbar, wenn Sie wirklich in Gefahr sind und schnell weglaufen müssen, aber unser Körper ist in der Evolution noch nicht so weit gediehen, dass er zwischen dem Angriff eines Grizzlybären und der vergleichsweise harmlosen Bedrohung unterscheiden kann, die uns in einem vollen Supermarkt oder bei einem Verkehrsstau erwartet, oder die gar rein fiktiv ist, wie im Fernsehen oder bei Computerspielen.

Es kann bis zu 60 Minuten dauern, bis die Wirkung dieser automatischen Reaktion nachlässt, und wenn die Stresshormone nicht verbraucht werden, erhöht sich ihre Konzentration in unserem System und sie können uns schwächen. Das hat nicht nur eine schädliche Wirkung auf unseren Körper, sondern wir fühlen uns dann auch bald, als seien wir ständig im Alarmzustand, und die entsprechenden körperlichen Empfindungen werden weitere angstvolle Gedanken schüren. Der Kopf wird verständlicherweise meinen, es müsse einen guten Grund dafür geben, dass die körperliche Stressreaktion ausgelöst wurde, und wenn das nicht der Fall ist, wird er einen für Sie erfinden und Ihnen eine Reihe angstbefrachteter Gedanken über zukünftige Ereignisse eingeben.

Und so wird sich der Zyklus fortsetzen – Ihre Befürchtungen werden wieder die automatische Stressreaktion ankurbeln und die dann ausgeschütteten Stresshormone werden in Ihrem Kopf die Frage anstoßen, was los ist.

In der Alltagssprache unterscheiden wir im Deutschen allerdings nicht so streng zwischen den beiden Begriffen, daher werden wir im weiteren Verlauf des Buches beide Wörter alternativ verwenden [A. d. Ü.].

Die gute Nachricht ist, dass Angst ein sehr gut behandelbares Phänomen ist. Aufgeklärte Psychologen beschreiben Angst inzwischen als die Folge einer emotionalen *„Verletzung"* und nicht mehr als *„Störung"* – denn dieses Wort impliziert sofort, dass die Angst Teil eines lang anhaltenden Problems ist und etwas, an dem man *„leidet"*. In Wirklichkeit ist es heute möglich, eine emotionale Verletzung zu heilen, statt sie schwären zu lassen, bis etwas viel Größeres daraus geworden ist.

Genauso, wie sich unsere Kinder körperliche Beulen und Schrammen holen, können sie sich auch ein paar innere Verletzungen zuziehen, was uns nicht weiter überraschen sollte.

Wir haben uns daran gewöhnt, uns um unsere körperliche Gesundheit zu kümmern – denken Sie etwa daran, wie es war, als Sie das letzte Mal eine unklare Magenverstimmung hatten oder sich den Fuß verstaucht haben. Das Erste, was die meisten von uns machen, ist eine Recherche im Internet, und das ist auch sinnvoll, weil wir wissen, dass wir dort hilfreiche Ratschläge finden, die uns schneller wieder auf die Beine helfen.

Wenn es jedoch um unsere seelische Gesundheit geht, ist das etwas ganz anderes. Als Gesellschaft scheuen wir davor zurück, über „seelische Dinge" zu sprechen, und haben das Gefühl, mit ihnen kämen wir am besten zurecht, wenn wir die Zähne zusammenbeißen oder sie Fachleuten überlassen – aber selbst dann sind wir uns nicht allzu sicher, welche Art von Experte der Richtige für uns sein könnte. Diese Angst vor einem Missgriff führt dazu, dass sich viel zu viele durchs Leben schleppen und mit Angstattacken oder Phobien herumschlagen, die sie in vielfacher Hinsicht behindern.

Ständig mit Angstgefühlen zu leben kann schwere und langfristige Folgen haben, und Kinder können in ihre Ängste „hineinwachsen", statt aus ihnen herauszuwachsen. Angst kann das emotionale Wachstum eines Kindes verzögern und seine Leistungen in allen Bereichen des Lebens hemmen. Sie wird Ihr Kind davon abhalten, Freundschaften zu schließen, an gemeinsamen Aktivitäten teilzunehmen, erfolgreich Prüfungen zu bestehen und sein Potenzial zu entfalten. Noch schlimmer ist, dass Kinder, die an Angst und Depressionen leiden, ihre Probleme wahrscheinlich ins Erwachsenenalter mitnehmen.

Die Gefühle von Stress und Angst können sich auf sehr unterschiedliche Weise manifestieren:

- in einem häufigen Heißhunger auf Süßigkeiten und Snacks;
- in einer Abneigung dagegen, an sozialen Aktivitäten teilzunehmen oder Freunde zu Hause zu besuchen;
- in Schwierigkeiten im Unterricht und mit Schularbeiten sowie in schlechten Noten;
- in der Unfähigkeit, sich zu konzentrieren oder Anweisungen zu befolgen;
- in Schwerhörigkeit oder Tinnitus;
- in ständiger Besorgnis und endlosen Fragen, auf die es keine richtigen Antworten gibt;
- in Albträumen und Einschlafschwierigkeiten;
- im Bettnässen;
- in Daumenlutschen, Nägelkauen, Tics und Stottern;
- in Reizbarkeit und aufbrausendem Temperament;
- in Wutausbrüchen und Streitereien mit den Geschwistern.

Die meisten Eltern werden bereitwillig zugeben, dass sie sich ungenügend dafür gewappnet fühlen, ihren Kindern bei der Bewältigung von Angstgefühlen und Sorgen zu helfen, und einfach nicht wissen, was sie sagen sollen. Und das ist schließlich auch kein Wunder:

- Wie können Sie am besten Nachrichten über Terroranschläge und Bombenattentate erklären, ohne Ihr Kind zu ängstigen?
- Was können Sie einem Kind sagen, das einen Hochhausbrand oder eine Katastrophe im Fernsehen mit angesehen hat und in der Folge an Albträumen leidet?
- Wie können Sie mit einem Kind umgehen, das panische Angst vor dem Zahnarzt, Spritzen, Hunden oder Spinnen hat oder erstarrt, nur weil es Gemüse essen soll?
- Oder wie helfen Sie einem Kind, das davon überzeugt ist, ganz genau zu „wissen“, dass es alles vergessen wird, sobald es die Schwelle zum Prüfungsraum überschreitet?

> **TIPP:** Es hilft nichts, wenn Sie sagen: *„Hab keine Angst.“*

Um sich zu reifen Erwachsenen zu entwickeln, durchlaufen Kinder einen Prozess, den man „Anpassung“ nennt. Er verschafft den Menschen einen Vorteil gegenüber Tieren – wir haben die Fähigkeit, uns an unsere Umgebung anzupassen, eben weil wir bei der Geburt noch nicht voll ausgereift sind und Zeit brauchen, um uns zu Erwachsenen zu entwickeln. Wenn Sie eine neugeborene Giraffe nehmen und sie an den Nordpol verfrachten, wird sie nicht lange am Leben bleiben, weil sie nicht die Möglichkeit hat, sich ein warmes Zottelfell wachsen zu lassen.

Nehmen Sie hingegen ein menschliches Baby und bringen es von Großbritannien nach Japan, dann wird es nach wenigen Jahren fließend Japanisch sprechen und nicht die Spur eines Akzents haben. Das Baby hat die Fähigkeit, sich an seine Umgebung anzupassen.

Der Geist Ihres Kindes ist offen und bereit, alles anzunehmen, was ihm präsentiert wird. Man könnte sogar sagen, dass Ihr Kind in einem Zustand von „Wachhypnose" ist – und dass Sie, die Eltern, diesen Geist mit allem, was Sie sagen und tun, programmieren.

Dieser Prozess der „Anpassung" ist sehr wirkmächtig – ein kleines Kind nutzt seine Umgebung, um sich zu entwickeln und dadurch ein Teil dieser Umgebung zu werden. Auf vollkommen unbewusste Weise nehmen Kinder die Kultur ihrer Zeit und ihrer Umgebung in sich auf, samt den Bestrebungen und Einstellungen einer Gesellschaft, einfach dadurch, dass sie in ihr leben.

Vor vielen Jahren war dieser Prozess wesentlich einfacher, weil das Leben geradliniger war. Es fällt einem Kind viel schwerer, sich anzupassen, wenn die Umwelteinflüsse eher global als lokal sind, vor allem aufgrund des Internets.

Die Zunahme an Wahlmöglichkeiten und Chancen eröffnet den Kindern von heute Möglichkeiten, die ihr Leben verändern können. *„Du kannst alles werden, was du gerne möchtest"*, sagen wir ihnen – aber was genau ist das? *„Greife nach den Sternen und lebe deinen Traum"* ist eine großartige, motivierende Idee, aber sie kann das Gefühl mit sich bringen, ewig unzulänglich zu sein.

Eine Grundschullehrerin erzählte mir kürzlich, dass alle Kinder in ihrer Klasse entweder YouTuber oder Fußballer werden wollen, wenn sie einmal groß sind. Da sie regelmäßig lesen, dass Teenager auf diesen Wegen über Nacht Milliardäre werden, ist das auch kein Wunder. *„Überlegt euch aber für alle Fälle mal einen Plan B"*, hat sie ihnen gesagt.

Es hat nämlich seinen Grund, dass so wenige Menschen eine olympische Goldmedaille oder einen Oscar haben – solche Auszeichnungen sind nicht so leicht zu erringen. Daher bin ich zwar durchaus dafür, Kindern den Glauben an sich selbst zu vermitteln und sie zu ermutigen, das Bestmögliche aus sich zu machen, doch wenn sie in einer Gesellschaft aufwachsen, die Erfolg ständig an diesen wenigen herausragenden Menschen misst – oder an jenen, die wie ein Model aussehen und einen entsprechenden Körper haben –, kann das Angst schüren und ein Gefühl der Enttäuschung wecken.

Ein „gutes“ Leben mit Freunden, Familie, geregelter Arbeit und ein paar interessanten Hobbys zu führen klingt vielleicht ein bisschen langweilig, aber genau diese Art von Leben tut den meisten von uns gut und ist oft der Schlüssel zum Glück.

Heute mögen Kinder mehr Wahlmöglichen und Chancen haben als jemals zuvor, aber dieser Gewinn hat sich unversehens in eine zweischneidige Sache verwandelt, denn der Wettbewerb wird immer härter, weil die Gemeinschaft, in der sie aufwachsen, mit dem World Wide Web verbunden ist.

Noch vor wenigen Generationen hat eine Familie einem Neugeborenen nicht nur ihre Traditionen und ihre Religion weitergegeben, sondern auch Fertigkeiten, die es auf die Arbeitswelt vorbereitet haben, die aller Wahrscheinlichkeit nach die gleiche wie die der Eltern und Großeltern sein würde. Über soziale Mobilität wurde nicht viel geredet, der künftige Lebensweg eines Kindes war vom Tag seiner Geburt an ziemlich genau vorgezeichnet. Ich bin mir sicher, dass niemand von uns in diese Zeiten zurückmöchte, aber wenn man diese Welt der Sicherheit mit der sich ständig wandelnden Umwelt vergleicht, in der sich die heutigen Kinder zurechtfinden müssen, ist es kein Wunder, dass Angst so verbreitet ist.

Wie kann man sicher sein, wer und was man ist, wenn man sich einer so breiten Palette an Optionen und moralischen Fragen gegenübersieht? Sollte man beispielsweise aufhören, Fleisch zu essen und Vegetarier werden oder am besten gleich Veganer? Wird das die Erderwärmung aufhalten helfen oder ist es dafür schon zu spät? Ich höre regelmäßig, dass Kindern gesagt wird, ihre Generation sei diejenige, die die Lösung für das Problem des Klimawandels finden müsse, sonst wäre das Ende der Welt besiegelt – gar kein Druck also! Kinder sehen, dass ihre Freunde und Freundinnen ihre Sexualität und sogar ihr Geschlecht hinterfragen und fangen an, darüber nachzudenken, ob sie das auch tun sollten. Bei dieser in ständiger Bewegung begriffenen Landschaft verwundert es nicht, dass so viele von ihnen darum ringen, sich „in ihrer Haut wohlzufühlen“.

In den 1970er-Jahren gab es nur drei Fernsehkanäle, daher überrascht es nicht sonderlich, wenn man erfährt, dass sich an Weihnachten 1976 30 Millionen Zuschauer vor den Fernseher setzten, um sich die Weihnachtssendung der *Morecambe and Wise Show* anzusehen. Damals waren an diesen Tagen die Geschäfte geschlossen, die Kirchen geöffnet, alle hörten sich die Rede der Königin an und aßen zum Mittagessen im Backofen gegarten Truthahn. Diese Art von Gemeinsamkeit herzustellen ist heute beinahe unmöglich, denn selbst wenn eine Familie im selben Haus wohnt, leben alle Mitglieder ein unterschiedliches Leben in verschiedenen Zimmern.

Die meisten von uns sind sich wohl einig, dass zu viel Auswahl eher ein Hindernis als eine Hilfe ist. Ich habe mir einmal unter diesem Aspekt meinen nächstgelegenen Supermarkt angesehen und ganz schockiert festgestellt, dass er 255 verschiedene Sorten Tee im Regal hatte. Und das war nur die Teeabteilung – die Kaffeesorten habe ich schon gar nicht mehr gezählt! Vorbei sind die Tage, in denen man lediglich gefragt wurde, ob man Tee oder Kaffee wünsche, mit oder ohne.

Als ich in den Gang mit den Putzmitteln und dem Toilettenpapier einbog, stand ich ratlos vor einer ganzen Batterie von Sonderangeboten in verschiedenen Kombinationen und Zusammenstellungen – sollte ich drei Pakete für den Preis von zwei oder eine Großpackung mit 25 Prozent Rabatt oder das Sonderangebot mit zwei Euro Nachlass kaufen? Da blickt niemand mehr durch, und das ist auch der Grund dafür, dass wir regelmäßig Aggressionsausbrüche in Kassenschlangen sehen.

Ein Übermaß an Informationen und zu viel Auswahl führen zu Unentschlossenheit und … Angst. Erinnern Sie sich daran, dass unser Gehirn dann, wenn es Stress oder eine Bedrohung wahrnimmt, die „*Kampf-oder-Flucht*-Reaktion" auslöst. Die plötzliche und blitzschnelle Ausschüttung von Stresshormonen kann zwar die Energie bereitstellen, die man braucht, um zur Seite zu springen, wenn ein Auto heranbraust, aber wenn Ihr Gehirn im Alarmzustand ist, hat es Mühe, sich auf Kleinigkeiten zu konzentrieren. Kandidaten bei Quiz-Sendungen im Fernsehen demonstrieren das sehr deutlich, wenn sie Mühe haben, die einfachsten Fragen zu beantworten, weil die Überflutung mit Stresshormonen zu einer Denkblockade führt.

***

Im Lauf der Jahre habe ich in meiner Praxis in der Harley Street Hunderte von Kindern mit einer unglaublichen Vielfalt von Problemen gesehen: Furcht vor Toiletten, Spinnen und Haien, Prüfungsangst, seltsame Zwangsgedanken, häufige Albträume, Lampenfieber, nervöse Verhaltensgewohnheiten und Tics. Und bei den Erwachsenen ist die Bandbreite keineswegs kleiner, denn ich habe schon mit Menschen gearbeitet, die phobisch auf große Pflanzen, Reißverschlüsse und Bananen reagiert haben.

So kunterbunt diese Probleme erscheinen mögen, so haben sie doch alle etwas gemeinsam: Es gibt eine Struktur und ein Muster in der Art und Weise, wie unser Geist und unser Körper Angstgefühle verarbeiten und dabei automatische Angstreaktionen hervorrufen.

Wir können vielleicht nicht immer verstehen, wie jemand so große Angst vor etwas scheinbar so Trivialem haben kann, aber es ist wichtig, anzuerkennen, dass schon „der Gedanke daran" echte Gefühle auslöst. Dabei produzieren die Struktur und Mechanismen des Denkprozesses die körperlich spürbaren Angstgefühle und nicht der jeweilige Gegenstand.

Bei meiner therapeutischen Arbeit nutze ich eine Mischung von Techniken aus den Gebieten der Positiven Psychologie, der Kognitiven Verhaltenstherapie (KVT), der Achtsamkeit, der Psychosensorischen Therapien, der Hypnotherapie und des Neurolinguistischen Programmierens (NLP). In diesem Buch werde ich erklären, was ich mache, um den Menschen zu helfen, Ihre Ängste zu überwinden.

Ausgerüstet mit diesem Wissen können Sie meine Strategien und Techniken übernehmen, um Ihr Kind in eine ruhigere, glücklichere, widerstandsfähigere Verfassung zu bringen, sodass es den Stressfaktoren des täglichen Lebens besser standhalten kann. Selbst eine Veränderung der Sprache und einzelner Worte, die Sie täglich benutzen, kann zu einer Veränderung der Selbstwahrnehmung Ihres Kindes führen. Und wie alle Eltern wissen: Wenn Ihr Kind froh und glücklich ist, werden auch Sie glücklicher und entspannter sein.

2. Wie der Geist Ihres Kindes funktioniert

In diesem Kapitel werde ich Ihnen erläutern, wie wir Informationen bekommen und verarbeiten und wie daraus dann unsere Gedanken werden, die wiederum die Gefühle erzeugen, die Auswirkungen auf unser Verhalten haben. Wie Sie sehen werden, wird Ihnen dieses Wissen helfen, Angstsymptomen bei Ihrem Kind mit mehr Selbstvertrauen zu begegnen.

Die Sinnesorgane eines Kindes sind mindestens in den ersten sechs Lebensjahren noch im Entwicklungsstadium, und in dieser Phase ist es nicht ungewöhnlich, dass manche Kinder zu kämpfen haben, um mit der Reizüberflutung zurechtzukommen. Ein neuer Geschmack oder Geruch kann eine vehemente Abneigung gegen bestimmte Nahrungsmittel hervorrufen, während für andere Kinder laute Geräusche und Orte mit vielen Menschen schwer zu ertragen sind. Manche Kinder hassen das Gefühl eines kratzigen Hemd- oder Blusenkragens oder Socken, die fortwährend herunterrutschen, während andere gar nicht merken, dass ihre Kleidung in Unordnung ist oder dass sie von oben bis unten voll Matsch sind.

Unser Nervensystem bekommt Schätzungen zufolge in jeder Sekunde des Tages etwa zwei Millionen Informationen darüber, was um uns herum geschieht. Angesichts dieser uns ständig bombardierenden Informationsmengen bleibt uns gar nichts anderes übrig, als sie zu filtern oder zu verdichten. Dazu nutzen wir drei Verfahren, die man als *Tilgung, Verzerrung* und *Generalisierung* bezeichnet.

Tilgung: Wir müssen automatisch einen Teil der ankommenden Informationen tilgen, weil es sonst einfach zu viele sind, daher fassen wir sie zu Bündeln zusammen, damit sie leichter zu handhaben sind. Da dieser Prozess relativ willkürlich vor sich gehen kann, sortiert man dabei mitunter wichtige Teile der Information aus, ohne es zu merken. Aus diesem Grund ist es nicht ungewöhnlich, dass man Menschen über den Inhalt früherer Gespräche streiten hört – einer besteht darauf, er habe etwas Bestimmtes gesagt, und der andere wird behaupten, er habe nichts dergleichen gehört. Oft genug haben damit beide recht.

Verzerrung: Wir können Dinge besser oder schlechter wirken lassen, als sie wirklich sind, da wir eingehende Informationen mit schon vorhandenen Vorstellungen vereinbar machen. Anders gesagt, ist es nicht selten so, dass wir eine Idee haben und dann nach Beweisen suchen, die sie stützen. Wenn Sie beispielsweise das Gefühl haben, es seien eine Menge rote Autos auf den Straßen unterwegs, werden Ihnen auf

Autofahrten wahrscheinlich rote Autos „ins Auge springen", was Ihre Annahme bestätigt. Wenn Sie „wissen", dass die Party, auf die Sie heute Abend gehen, langweilig sein wird, dann wird sie höchstwahrscheinlich genau das auch sein. Unbewusst werden Sie nach Beweisen suchen, die Ihre Vorstellung stützen, und nur die negativen Aspekte wahrnehmen.

Generalisierung: Damit wir etwas nicht jedes Mal wieder neu lernen müssen, wenn wir es tun, nehmen wir *Verallgemeinerungen* vor, um die Dinge zu beschleunigen. Wenn Sie zum Beispiel erst einmal Rad fahren gelernt haben, können Sie diese Fertigkeit auf jedes andere Rad übertragen, mit dem Sie es künftig zu tun haben, denn alle Fahrräder funktionieren weitgehend gleich. Sie müssen nicht wieder von vorne anfangen und erneut dahinterkommen, wie man Rad fährt. Das ist eine sehr nützliche Abkürzung, aber dieser Vorgang der Verallgemeinerung kann auch Probleme verursachen – so trägt er etwa dazu bei, dass Sie panische Angst vor allen Hunden entwickeln, obwohl Sie nur eine hässliche Begegnung mit einem einzigen hatten.

Die so von Ihnen eingedampften Informationen (nach Tilgung, Verzerrung und Generalisierung) werden zu dem, was man *interne Repräsentation* nennt.

Zu diesem Cocktail von Sinneswahrnehmungen kommt dann noch der persönliche „Drall" hinzu, den wir unserem Denken geben. Dieser Drall wird enorm unterschiedlich ausfallen, je nachdem, was wir *glauben,* welche *Werte* wir haben und welche *Erfahrungen* wir *in der Vergangenheit* gemacht haben. Wir alle haben unterschiedliche Einflüsse in unserem Leben, daher überrascht es nicht, dass zwei Menschen gleichzeitig am selben Ort sein und doch mit ganz verschiedenen Versionen der „Wahrheit" wieder weggehen können.

Polizeibeamte erleben das jeden Tag, wenn sie Zeugenaussagen aufnehmen. Fünf Personen können denselben Verkehrsunfall beobachtet haben, aber jede wird dennoch eine andere Geschichte davon erzählen. Diese „Verzerrung" wird sehr wahrscheinlich in aller Unschuld vorgenommen. Wenn beispielsweise einer der Zeugen erst vor einer Woche selbst in einen Verkehrsunfall verwickelt war und noch immer davon aufgewühlt ist, wird seine Wahrnehmung des neuen Unfalls verzerrt sein. Vielleicht sagt er, einer der Fahrer sei wesentlich schneller gefahren, als es tatsächlich der Fall war. Es wird diesem Zeugen einfach so vorkommen, als sei es so gewesen – aus verständlichen Gründen.

Aus dem gleichen Grund können zwei Personen nach einem Film aus dem Kino kommen, und die eine wird sagen, das sei „langweiliger Käse" gewesen, und die andere wird ihn für den besten Film halten, den sie je gesehen hat.

Jeder von uns hat seine eigene Version der „Wahrheit" – und ich bin sicher, dass Sie das bei zahlreichen Gelegenheiten schon selbst festgestellt haben.

Die zwei Millionen Informationen, mit denen unser Nervensystem jede Sekunde des Tages bombardiert wird, kommen über unsere fünf Sinne herein: Sehen (visuell), Hören (auditiv), Berührung (kinästhetisch), Geruch (olfaktorisch) und Geschmack (gustatorisch), und anschließend verwandeln wir diese Informationen in unsere Gedanken.

Das meiste Gewicht haben dabei das Sehen, das Hören und die Berührung, denn auf diese Sinneskanäle verlassen wir uns im Lauf des Tages am meisten. Unsere Gedanken sind hauptsächlich eine Kombination aus Bildern, Tönen und Empfindungen.

1. Der visuelle Kanal: Unsere inneren Bilder

Wir sehen nicht nur die Dinge in unserer äußeren Umgebung mit unseren Augen, sondern wir erschaffen auch innere oder mentale Bilder in unserer Vorstellung. Beim Denken und Sprechen erzeugen wir ständig Bilder, aber sie können uns so schnell durch den Kopf schießen, dass wir sie vielleicht nicht einmal wahrnehmen.

ÜBUNG: Innere Bilder erschaffen

Lesen Sie die folgenden Fragen und nehmen Sie sich einen Moment Zeit, über jede einzeln nachzudenken, ehe Sie antworten. Sprechen Sie Ihre Antwort laut aus oder schreiben Sie sie nieder, damit die Übung besser wirkt.

1. Was haben Sie heute Morgen gefrühstückt?
2. Wie heißt die Hauptstadt von Frankreich?
3. Von welchem Urlaubsziel träumen Sie?
4. Wen haben Sie zuletzt mit dem Handy angerufen?
5. Was werden Sie bei Ihrer nächsten Mahlzeit zu sich nehmen?

Manche von Ihnen werden Bilder gesehen haben, während Sie über Ihre Antworten nachgedacht haben, andere könnten auch ein Wort gesehen haben. Als Reaktion auf die zweite Frage hätten Sie beispielsweise den Eiffelturm, die französische Flagge oder ein Croissant vor sich sehen können. Einige haben vielleicht sogar das Wort „Paris" gesehen, entweder farbig oder schwarz-weiß.

Unsere inneren Bilder haben eine enorme Wirkung, und zwar nicht nur auf unsere Gefühle, sondern auch auf unser Verhalten und die Ergebnisse, die wir damit erzielen. Es ist, als würde unser Körper diese Bilder als Handlungsanweisungen auffassen, die ihm sagen, was er als Nächstes tun soll. Und es ist, als würden uns magnetische Kräfte zur Verwirklichung dessen hinziehen, was wir uns im Geiste vorstellen.

Es ist sehr wichtig, das zu verstehen, denn diese Bilder kontrollieren unsere Angstgefühle. Eine in Amerika durchgeführte Studie hat gezeigt, dass sage und schreibe 87 Prozent der Bevölkerung Angst vor einem unbestimmten Etwas haben, das unter dem Bett lauert, und daher auf keinen Fall im Schlaf die Füße unter der Decke herausstrecken wollen, weil sie befürchten, dann gefressen zu werden.[2]

Ich frage mich, wie viele von diesen Menschen regelmäßig unter ihr Bett schauen, ehe sie sich hineinlegen … nur für alle Fälle! Einfach zu wissen (und nach Beweisen und Belegen dafür Ausschau zu halten), dass unter ihrem Bett nichts ist, genügt nicht, um die Ängste der Menschen zu vertreiben. Wenn unsere Fantasie angsteinflößende Bilder in unserem Geist erzeugt, dann fängt unser Körper an zu reagieren, als seien diese Bilder real. Unser „emotionales Gehirn", das limbische System, kann nicht zwischen einem echten und einem vorgestellten Erleben unterscheiden.

Denken Sie an den letzten Gruselfilm zurück, den Sie im Kino oder im Fernsehen angeschaut haben. Selbst wenn Sie ganz genau wissen, dass all das nur erfunden ist, verhindert das nicht, dass Sie Herzklopfen, schweißnasse Hände und ein mulmiges Gefühl in der Magengrube bekommen. Manche schreien sogar laut auf. Das geschieht automatisch als Reaktion auf die Bilder, die Sie auf der Leinwand oder dem Bildschirm sehen.

Wenn Sie lernen, Ihre inneren Bilder wahrzunehmen und auch noch, Sie zu kontrollieren, kann Ihnen das helfen, besser mit Angstgefühlen umzugehen.

Zugang zu Bildern finden

Ich weiß, dass manche Menschen hartnäckig behaupten, sie könnten in ihrer Vorstellung keine Bilder sehen, aber das trifft nur für einen winzigen Teil der Bevölkerung zu. Die überwältigende Mehrheit tut das, wir sind nur nicht gewohnt, auf diese Bilder zuzugreifen.

Es ist nutzbringend, Kindern zu helfen, sich ihre inneren Bilder bewusst zu machen, denn das kann ihnen bei ihrer Arbeit für die Schule helfen – besonders beim Lesen und bei der Rechtschreibung. Ich sage Kindern oft, es sei ein wenig so, wie wenn wir leise lesen lernen. Beim Lesenlernen sagen wir anfangs die Buchstaben und Wörter laut. Und wir lesen weiterhin laut bis etwa zum Alter von sechs Jahren; dann sagt

2 National Association of Sleep Comfort and Coziness (NASCC), siehe ↗ https://empirenews.net/87-of-population-fear-having-feet-grabbed-by-boogeyman-if-left-uncovered-during-sleep.

uns meist ein Lehrer oder eine Lehrerin, wir sollten anfangen, leise zu lesen. Ich erinnere mich noch daran, wie es war, als ich dazu aufgefordert wurde: Es kam mir sehr seltsam vor, dass ich jetzt nur noch „leise im Kopf" lesen sollte. Ich hielt das gar nicht für möglich, bis ich schließlich begriff, wie das geht. Genauso können wir unseren Kindern beibringen, sich ihrer mentalen Bilder bewusst zu werden und zu üben, damit zu spielen.

Fortschrittliche Psychologen schlagen inzwischen vor, dass wir schon kleinen Kindern Unterricht in bildlicher Vorstellung geben, besonders solchen, die mit einer Lese-Rechtschreib-Schwäche (oder Legasthenie) zu kämpfen haben. Wenn wir Wörter laut buchstabieren, „sehen" wir das jeweilige Wort zuerst in unserer Vorstellung und lesen es dann laut.

Versuchen Sie das mal mit dem Wort „Helikopter":

- Schauen Sie weg und buchstabieren Sie das Wort laut.
- Jetzt buchstabieren Sie es noch einmal laut, aber diesmal rückwärts.

Es rückwärts zu buchstabieren mag Ihnen schwieriger vorkommen, aber wenn Ihnen erst einmal klar wird, dass Sie das Wort ja innerlich vor sich sehen, werden Sie es nicht mehr schwieriger finden, als es vorwärts zu buchstabieren – denn im Grunde genommen *lesen* Sie es.

Manche Kinder müssen weit in die Ferne „sehen" können, um Zugang zu ihren Bildern zu finden, daher kann es ihnen helfen, aus dem Fenster zu schauen, um das zu üben. Wenn Ihr Kind Mühe mit den Schularbeiten hat, kann es sich als hilfreich erweisen, wenn Sie dafür sorgen, dass sein Schreibtisch oder Arbeitstisch nicht direkt vor einer Wand steht.

Ein Satz, der Ihnen von Ihrer eigenen Kindheit her vertraut sein könnte, lautet: *„Schau nicht immer an die Decke hinauf – die Antwort steht nicht dort oben!"* Lehrer sagen das oft zu ihren Schülern, aber sie haben unrecht. Die Antwort steht nämlich durchaus oft „dort oben", und ich empfehle Ihnen, Ihr Kind dazu zu ermutigen, an die Decke zu schauen, wenn es um die Lösung eines Problems ringt, und zu schauen, ob das etwas hilft. Wenn man auf ein flaches Blatt Papier auf dem Schreibtisch hinabschaut, schränkt das die Tiefe des Wahrnehmungsraums ein, was gewiss keinen kreativen Gedankenfluss in Gang setzt.

Wenn Sie diesen Prozess einmal in Aktion sehen wollen, dann brauchen Sie nur die Gesichter von Kandidaten in Quiz-Sendungen zu beobachten. Solange sie über die richtige Antwort nachdenken, werden sie nach oben schauen. Entweder auf die linke Seite oder auch auf die rechte, je nachdem, aus welcher Gehirnhälfte sie die Information abrufen. Und manche schauen auch nach oben an die Decke.

Vielleicht ist Ihnen das auch schon an Ihrem eigenen Verhalten aufgefallen, wenn Sie unvermittelt nach dem Geburtsdatum Ihrer Kinder, nach Ihrer Adresse oder Telefonnummer gefragt wurden. Die meisten von uns werden automatisch geradeaus schauen und vielleicht auch ein wenig nach oben. Die Information findet sich nicht „dort draußen", aber es fühlt sich so an, als wäre es so.

2. Der auditive Kanal: Unser innerer Dialog

Uns gehen nicht nur den ganzen Tag Bilder durch den Kopf, sondern wir hören auch eine Vielfalt an Tönen. Vielleicht hören Sie ein Musikstück – etwa Ihr Lieblingslied – oder auch Ihre eigene Stimme, die Ihnen „sagt", was Sie auf dem Heimweg von der Arbeit noch einkaufen müssen. Oder eventuell auch die Stimme von jemand anders – wie viele von uns wiederholen beispielsweise frühere Auseinandersetzungen in einer Endlosschleife im Kopf? Es könnte auch eine wohlwollende Stimme sein, die Freundliches sagt – und es ist viel besser, sich an diese zu halten.

Es ist nicht ungewöhnlich, dass Menschen vollständig den Kontakt zu ihrem inneren Dialog verlieren, weil er in der Geschäftigkeit des Alltags untergehen kann. Halten Sie jetzt einen Augenblick inne und fragen Sie sich im Stillen: *„Wo findet mein innerer Dialog statt?"* Dann werden Sie ihn lokalisieren.

In Wirklichkeit haben wir sogar eine ganze Menge innere Stimmen – es gibt eine zuversichtliche, positive, glückliche und auch eine trübselige, negative Stimme, nicht wahr? Es gibt sogar eine oder gleich mehrere, die überhaupt nicht nach Ihnen klingen – sie klingen wie andere Menschen. Vielleicht wie Ihr Vater oder wie Ihre Mutter, wie ein kritischer Lehrer aus vergangenen Schultagen – ein ganzes Ensemble von Nebendarstellern lebt in Ihrem Kopf und wünscht sich sehnlich, ein Gespräch mit Ihnen zu führen oder Ihnen zu sagen, was Sie tun sollen.

Geräusche und Stimmen ergänzen das Drama, das sich in Ihrem Kopf abspielt, und tragen dazu bei, Angstgefühle zu schüren. Schauen Sie sich einmal die folgenden Sätze an:

- *Was war das für ein komisches Geräusch?*
- *Hast du das gehört?*
- *Ich glaube, ich habe im Kleiderschrank etwas rascheln hören.*
- *Ich bin sicher, ich habe draußen jemanden weinen hören.*
- *Ich habe gerade Schritte gehört – ich glaube, oben läuft jemand herum.*

Wie viele von uns haben schon mal Angst bekommen, während sie bei einem Lagerfeuer Gespenstergeschichten lauschten? Es braucht nicht immer den Anstoß durch

Bilder, damit Sie Angstgefühle erleben, denn was Sie hören – seien es beliebige Geräusche oder Worte, wie etwa beim Geschichtenerzählen – erreicht das genauso gut. Es dauert nicht lange, bis Ihre Fantasie ein paar angsterregende Bilder dazuerfunden hat, die den Dialog ergänzen.

Aus diesem Grund werde ich Ihnen auch beibringen, wie Sie die Töne in Ihrem Kopf kontrollieren können.

3. Der kinästhetische Kanal: Unsere körperlichen Empfindungen

Denken Sie an all die Empfindungen und Gefühle, die wir haben, wenn wir uns ängstigen. Sie spüren vielleicht ein Flattern oder einen Knoten im Magen, ein Kribbeln in Händen oder Füßen, Ihr Herz rast, und Ihre Beine fühlen sich so wackelig an, als wären sie aus Pudding. Empfindungen können in Wellen vom Kopf bis in die Füße durch den Körper schwappen oder auch umgekehrt von unten nach oben. Manche Menschen haben ein Druckgefühl in beiden Schläfen oder ein Gefühl der Enge in der Brust, das ihnen das Atmen schwer macht.

Der Körper des Menschen hat die Fähigkeit, sich an etwas zu *gewöhnen* – nach einiger Zeit lässt unsere Reaktion auf einen Reiz nach. Stellen Sie sich vor, Sie würden in ein Schwimmbecken mit kaltem Wasser springen – das kann im ersten Moment grässlich sein, aber nach kurzer Zeit gewöhnt sich Ihr Körper an die Temperatur, und sie fällt Ihnen gar nicht mehr auf.

Genauso wäre es, würde ich Ihnen mehrmals kräftig auf den Fuß treten – das wäre sehr schmerzhaft! Aber wenn ich mich auf Ihren Fuß stellen und dann ganz still stehen bleiben würde, würde Ihnen das nach einem kurzen, anfänglichen Schmerz nicht mehr wehtun.

Das hilft uns zu verstehen, dass wir körperliche Gefühle der Angst nur dann über längere Zeit hinweg fühlen können, wenn sie sich bewegen oder leicht verändern. Wir wissen, dass sie nicht statisch sind – denn wenn sie das wären, würden wir uns rasch an sie gewöhnen und sie nicht mehr wahrnehmen.

Wenn Sie wahrnehmen, wo genau im Körper Sie diese unerwünschten Empfindungen haben und in welche Richtung sie wandern, wird Ihnen das ermöglichen, sie zu verändern.

Teil 2

Schritte zum Erfolg

3. | Entgiften Sie Ihre Umgebung

Wie schon am Anfang des Buches erwähnt, kann Angst ansteckend sein – sie kann durch das Haus wabern wie ein unsichtbares Gas, das sich auf alle auswirkt, die mit ihm in Berührung kommen. Niemand braucht ein Wort darüber zu verlieren, aber jeder spürt, dass etwas nicht in Ordnung ist.

Darüber zu sprechen ist zwar gut, aber ich weiß, dass es nicht immer leicht ist, ein Kind, das Angst hat, dazu zu bringen, seine Gedanken in Worte zu fassen. Kleinere Kinder haben vielleicht weder den Wortschatz noch die nötige Selbstwahrnehmung, um ihre Gefühle zu identifizieren, und ältere, vor allem Teenager, möchten ihre Ängste vielleicht nicht zugeben oder überhaupt mit Ihnen darüber reden.

Es gibt jedoch positive Schritte, die Sie unternehmen können, um für die ganze Familie eine beruhigendere Umgebung zu schaffen, ohne dass Sie jemandem davon erzählen müssen – hier habe ich ein paar Vorschläge für Sie:

Schaffen Sie Ordnung

Ein unordentliches Haus bedeutet, dass Sie nach Dingen suchen müssen und es immer eilig haben oder zu spät dran sind. Dadurch werden Sie missmutig und gestresst und Ihre Kinder auch. Etablieren Sie ein System – bringen Sie Haken an den Wänden an und stellen Sie Regale und Aufbewahrungsboxen mit einem Farbcode auf. Wenden Sie einige Zeit dafür auf, Ihren Kindern beizubringen, wohin Dinge in Zukunft gehören. Stellen Sie eine Box für „Fundsachen" auf – gehen Sie regelmäßig durchs Haus, sammeln Sie herumliegende Dinge ein und legen Sie sie in diese Box. Wenn Ihr Kind dann etwas verliert, lernt es sehr schnell, wie sinnvoll es ist, wenn alles seinen Platz hat.

Um Ihrem Kind zu helfen, sein Zimmer in Ordnung zu halten, empfehle ich Ihnen, es in tipptopp aufgeräumtem Zustand zu fotografieren und dann das Bild an die Wand zu hängen. Es wird künftig eine nützliche Orientierungshilfe beim Aufräumen des Zimmers sein.

Ernährung

Machen Sie sich klar, dass bestimmte Nahrungsmittel Einfluss auf den Stress- und Angstpegel Ihres Kindes haben und auch Stimmungsschwankungen hervorrufen können. Gute Nahrungsmittel, von denen man viel essen sollte, sind: Porridge oder Haferflocken, Vollkornreis, Vollkornbrot, Fisch, Pute, Hähnchen, Cottage Cheese oder Quark, Hülsenfrüchte, Nüsse und ganz allgemein Obst und Gemüse. Man kann die Streusel für einen Obstcrumble aus einer Mischung aus gemahlenen Mandeln und Haferflocken machen und pflanzliches Öl, Zimt und Ahornsirup zugeben.

Weitere Nahrungsmittel, die gut für das Gehirn sind, sind Paranüsse, weil sie viel Selen und Vitamin E enthalten, weiterhin Fisch mit hohem Fettgehalt wie Lachs, der reichlich Omega-3-Fettsäuren enthält, Joghurt guter Qualität mit lebenden Bakterien, Kürbiskerne, Leinsamen und Bananen, die nicht überreif sind.

Neueste Studien zeigen, dass Depression und Niedergeschlagenheit mit einer Entzündung im Gehirn zusammenhängen können, und wenn Sie zu Hause einen Teenager haben, der mit diesen Symptomen zu tun hat, würde ich an Ihrer Stelle einen Termin bei einer Ernährungsberaterin oder einem Naturheilkundler vereinbaren (zusätzlich zu Ihrem Hausarzt), denn sie können eine Reihe entsprechender Blutuntersuchungen veranlassen und Sie beraten.

Außerdem ist es wichtig, Giftstoffe zu vermeiden: Die beiden größten Übeltäter sind Koffein und Zucker. Ihr Kind trinkt vielleicht weder Tee noch Kaffee, aber Energydrinks enthalten jede Menge Koffein. Meiden Sie die stimulierende Wirkung von Zucker, der ein Gefühl von Zittrigkeit und Unruhe hervorrufen kann, das der Angst sehr ähnlich ist. Bedenken Sie dabei, wie viel natürlicher Zucker in Fruchtsäften oder Smoothies enthalten ist – da sie sich gesund ernähren wollen, essen unsere Kinder heute erheblich mehr Obst als die früherer Generationen. In Supermärkten werden uns das ganze Jahr über Mangos, Ananas und Erdbeeren angeboten, und es wird uns sogar staatlicherseits empfohlen, fünfmal am Tag Obst zu essen, sodass Kinder mehr Früchte zu sich nehmen als je zuvor.

Düfte

Der Geruchssinn hat eine direkte Verbindung zur Amygdala, dem emotionalen Zentrum des Gehirns. Sorgen Sie dafür, dass zu Hause stets ein beruhigender Duft in der Luft liegt, aber vermeiden Sie synthetisch hergestellte Düfte, die in billigen Duftkerzen und Sprays aus dem Supermarkt enthalten sind – sie werden mithilfe toxischer chemischer Stoffe hergestellt und sind schädlich für die Umwelt. Versuchen Sie es doch mal mit einem der folgenden Düfte:

- Jasmin, Bergamotte und Zitrusdüfte steigern das Wohlbefinden.
- Pfefferminze, Zimt und Rosmarin sind gut für alle, die leicht ablenkbar sind.
- Lavendel und Kamille fördern erholsamen Schlaf.
- Lavendel und Rosmarin können auch in Blumentöpfen im Haus stehen, besonders im Bad, da der Dampf ihren Duft intensiviert.
- Verwenden Sie im Bad möglichst Naturseifen – sie sind auch besser für die Umwelt und werden nicht in Plastik verpackt. Ihr Kind wird Freude an ihrem Duft haben, sooft es sich die Hände wäscht.
- In stressigen Prüfungszeiten habe ich für die Kinder regelmäßig einen Apfelkuchen in den Ofen geschoben – nicht immer eine Eigenproduktion, muss ich gestehen, aber der Anblick und der Duft dieses Kuchens, wenn er frisch aus dem Backofen kam, bedeutete irgendwie, dass die Welt in Ordnung war, und zauberte ein Lächeln auf alle Gesichter.

Bewegung

Wenn wir Angst haben, schüttet unser Körper eine gewaltige Menge an Adrenalin und Cortisol aus – den lebensrettenden Hormonen, die uns bei Gefahr helfen zu kämpfen oder davonzulaufen. Wenn Ihr Kind stundenlang auf dem Sofa kauert und Computerspiele macht, können Sie sicher sein, dass die dabei einstehende Aufregung genau diese Stresshormone auf den Plan ruft. Diese Stoffe verwandeln sich über Glukose in Energie und können bei Ihrem Kind ein Gefühl von Zappeligkeit und Nervosität auslösen, das große Ähnlichkeit mit Angstgefühlen hat. Wenn diese Energie nicht für den Zweck verbraucht wird, für den sie vorgesehen ist, nämlich die Flucht vor Gefahren, dann verwandelt der Körper sie in Fett, das dann um die Körpermitte herum abgelagert wird, nahe der Leber. Da wir immer häufiger Probleme mit Fettleibigkeit bei Kindern sehen, frage ich mich, ob diese nicht verbrauchte Energie eine Mitschuld daran trägt.

Es ist wichtig, dass Sie Ihr Kind zu sehr viel Bewegung anregen – dabei wird es nicht nur die überflüssigen Stresshormone abbauen, sondern durch die Aktivität werden auch reichlich Endorphine ausgeschüttet, die ein Wohlgefühl erzeugen.

Studien zeigen, dass Kinder, die mehr Zeit draußen in der Natur verbringen, nicht nur ruhiger und glücklicher sind, sondern auch besser schlafen und bessere Schulleistungen aufweisen.

In unserer Gesellschaft sind wir auch von toxischen elektromagnetischen Wellen umgeben, die ebenfalls den körperlichen Stress erhöhen. Wenn Sie Ihr Kind dazu ermuntern, jeden Tag ins Freie zu gehen und barfuß auf Gras, Erde oder Sand zu laufen, kann es natürliche elektromagnetische Wellen aus der Erde aufnehmen, die seinen elektrischen Rhythmus ausgleichen. Auch auf der Erde zu sitzen, sich an einen Baum anzulehnen oder im Gras zu liegen sind Wege, das zu erreichen.

Haustiere

Der therapeutische Nutzen eines eigenen Haustiers wird immer mehr anerkannt, und in vielen Grundschulen wird inzwischen überlegt, ob man nicht einen Schulhund einsetzen sollte. Wenn wir Angst haben, sind wir die meiste Zeit „im Kopf" und hören auf wenig hilfreiche innere Dialoge, und wenn wir ein hilfloses Geschöpf haben, an das wir denken und für das wir sorgen müssen, dann hilft das, die Aufmerksamkeit, Achtsamkeit und Konzentration von uns wegzulenken. Ich trete hier nicht dafür ein, dass jetzt alle loslaufen und sich einen Welpen besorgen, aber wenn ein Haustier zu den Lebensumständen Ihrer Familie passen würde, dann könnten Sie einmal darüber sprechen, welche Vorteile ein Haustier hätte, und überlegen, welches Tier am besten für Sie geeignet wäre. Das Gute an einem Hund ist natürlich, dass er für mehr Bewegung im Freien sorgt, aber Sie müssen sich klarmachen, dass selbst ein total begeistertes Kind sehr bald sein Versprechen brechen wird, täglich mit dem Hund Gassi zu gehen, folglich sollten Sie sich darauf einstellen, selbst ein strammes Pensum an Spaziergängen absolvieren zu müssen. Wenn ein Kind nach einem stressigen Tag aus der Schule nach Hause kommt und sich mit etwas Warmem, Weichem und Kuscheligem auf dem Sofa zusammenrollen kann, hat das nachweislich einen positiven Einfluss auf seine Gesundheit. Aber wenn Sie unsicher sind, ob es eine gute Idee ist, ein eigenes Haustier zu haben, gibt es immer Wege, das erst einmal auszuprobieren, ehe Sie sich entschließen: Sie könnten anbieten, im Urlaub das Haustier von Freunden zu hüten, oder ein Tierheim besuchen.

Mehr lachen

Lachen als Antwort auf Alltagsprobleme ist nichts, was sich den meisten von uns als Möglichkeit direkt aufdrängt, aber es gehört zu den kürzesten Wegen, die Chemie im Gehirn zu verändern. Machen Sie es sich zur Gewohnheit, regelmäßig gemeinsam lustige Filme anzuschauen – schreiben Sie es als Termin in Ihren Kalender. Ihr Kind wird von der Nähe profitieren, die durch eine wiederkehrende Familienaktivität erzeugt wird. Sie können auch ein gutes Vorbild werden, wenn Sie über manches Missgeschick lachen, das Ihnen im Lauf des Tages passiert, zum Beispiel, wenn Sie den Hausschlüssel vergessen und sich aussperren. Okay, das ist nicht lustig, aber wenn Sie darauf gestresst und nervös reagieren, fördert das keineswegs Ihre kreativen Fähigkeiten, das Problem zu lösen und schneller wieder ins Haus zu kommen. Nehmen Sie es leicht und zeigen Sie Ihrem Kind, dass nicht jede Schwierigkeit im Leben ein Drama sein muss.

Rollenspiele

Ab dem Alter von zwei Jahren können Sie beginnen, Puppen, Teddybären und Geschichten heranzuziehen, um schwierige Situationen zu erklären. Sie können dem Lieblingsteddy eine Spritze geben oder seine Zähne untersuchen und sich mit dem Kind in der Rolle des Arztes abwechseln. Ältere Kinder haben vielleicht eine Lieblingsfigur aus dem Fernsehen oder einen Superhelden und Sie können sie fragen, was denn diese Figur wohl tun würde, wenn sie mit der gleichen schwierigen Situation konfrontiert wäre, in der das Kind gerade steckt.

Gestalten Sie eine Pinnwand

Hängen Sie im Zimmer Ihres Kindes eine Pinnwand auf und ermuntern Sie es, Bilder von Dingen aufzuhängen, die es glücklich machen. Das können Bilder von Welpen, Kätzchen, Fußballern, Eistüten, Freunden und Freundinnen oder Familienmitgliedern sein oder Schnappschüsse aus dem Urlaub, von Besuchen in einem Freizeitpark oder Bilder von Superhelden. Im Idealfall hängt die Pinnwand gegenüber dem Bett des Kindes, damit es die Bilder betrachten kann, ehe es einschläft.

Alternativ können Sie auch eine „Glückskiste" anlegen – eine Kiste für Krimskrams und Erinnerungen an Schönes wie etwa weiche, flaumige Federn, interessante Muscheln, ein Glöckchen, einen Kristall, Fotos von geliebten Menschen und Orten. Wenn Ihr Kind in einer ängstlichen oder niedergeschlagenen Verfassung ist, hilft der Versuch, darüber zu reden, oft weniger, als wenn es sich eine Weile still mit dem Inhalt dieser Kiste beschäftigt oder damit, welche neuen Bilder es an seine Pinnwand hängen könnte.

Musik

Hintergrundmusik im Haus zu haben kann ebenfalls dazu beitragen, eine ruhige und besänftigende Atmosphäre zu schaffen. Neurowissenschaftler am MindLab International haben Studien dazu gemacht und eine Liste mit therapeutischen Musikstücken vorgelegt. Vor allem ein Stück – „Weightless" von der Gruppe Marconi Union – hat zu einer Reduktion von eindrucksvollen 65 Prozent des Angstempfindens der Teilnehmer geführt, ihren Ruhepuls um 35 Prozent verlangsamt und zudem den Blutdruck, die Atemfrequenz und den Spiegel des Stresshormons Cortisol gesenkt.

Empfehlen kann ich Ihnen auch, den Radiosender Chill zu hören – es gibt dort keine Nachrichten, keine Verkehrsmeldungen, keinen Wetterbericht, nicht einmal Zeitansagen. Niemand spricht, es wird nur ein ständiger Strom wunderbarer Musik gespielt. Ich würde Ihnen definitiv raten, zu Hause eine Hintergrundmusik dieser Art erklingen zu lassen.

Digitale Entgiftung

Ich weiß, dass viele Eltern bei dem Gedanken stöhnen, die Mediennutzung ihrer Kinder überwachen zu müssen. Zu unserem Alltag gehört eine ständig wachsende Zahl von Bildschirmen, Displays und elektronischen Geräten, und die Kinder von heute können stundenlang an ihren diversen Geräten kleben.

Laut einer neuen Studie von Jean Twenge, Psychologieprofessorin an der San Diego State University, gibt es bei Teenagern eine direkte Verbindung zwischen extensiver Bildschirmnutzung und dem Gefühl von Angst und Depression. Seelische Erkrankungen können verhindert werden, wenn Eltern die Bildschirmzeit auf ein gesundes Maß begrenzen.

Aber wie setzt man am besten Grenzen? Das ist oft schwer zu entscheiden. Die meisten Eltern hatten in ihrer Kindheit nicht so vielerlei technische Geräte und fühlen sich daher schlecht gewappnet, um dieses Problem anzugehen.

Am besten ist es, klare Regeln aufzustellen und Grenzen zu setzen – und zwar solche, die man sorgfältig durchdacht und mit der ganzen Familie diskutiert hat. Jedes Mal genervt zu stöhnen, wenn Ihre Kinder beim Essen ihre Handys aus der Tasche ziehen und auf den Tisch legen, ist nicht das, was ich unter Grenzen setzen und Regeln aufstellen verstehe. Es mag sich so anfühlen, aber es stimmt nicht.

Ich persönlich bin nicht dafür, strikte zeitliche Begrenzungen vorzunehmen. Es klingt zwar, als sei es eine gute Idee, aber ich glaube, dass man damit leicht Probleme in die Zukunft verschiebt. Mit dem weiteren Fortschritt der Technik wird auch ein wesentlich größerer Teil der Schulbildung mithilfe von Bildschirmen stattfinden. Plötzlich verbraucht dann ein Schulprojekt in den Ferien einen Teil der zugestandenen Zeit, und das Jammern und Murren beginnt. Am Ende werden Sie nachgeben, und Ihr Kind wird lernen, dass es nur lange genug zu quengeln braucht, um eine Verlängerung der Bildschirmzeit zu erreichen.

Sie werden sich an die gleichen Regeln halten müssen, deren Befolgung Sie von Ihrem Nachwuchs verlangen, und sich auf Familienrichtlinien einigen müssen – und zwar auf solche, die Sie gewählt haben, weil sie ein gesundes und glückliches Leben fördern. So kann eine Familienregel lauten, dass bei Tisch keine Handys erlaubt sind oder dass sie nicht die ganze Zeit in der Hosentasche herumgetragen werden dürfen. Wenn Sie diese Regeln aufstellen, müssen Sie sie allerdings auch selbst beherzigen. Es geht nicht, dass Sie mit dem Kind schimpfen, weil es mit seinem Smartphone herumspielt, während Sie selbst gleichzeitig Ihre E-Mails checken.

Es hilft, eine Ladestation für die ganze Familie einzurichten – einen bestimmten Platz, an dem alle ihre Handys und Tablets parken können, wenn sie gerade nicht benutzt werden. Machen Sie es sich zur Regel, das mit Ihren eigenen Geräten zu praktizieren, und Ihre Kinder werden es Ihnen automatisch nachmachen. Kinder sind darauf programmiert, das Verhalten der Menschen in ihrer Umgebung nachzuahmen – nörgeln Sie weniger und machen Sie häufiger vor, wie sie sich verhalten sollen.

Lektüreempfehlung: Weitere Ratschläge, wie Sie eine digitale Entgiftung der Familie erreichen können, finden Sie in meinem anderen Buch: *Words that Work: How to Get Kids to Do Almost Anything* (nur auf Englisch erhältlich).

4. Miteinander reden

4.1 Gefühle ausdrücken

Wenn wir über unsere Gefühle sprechen, trägt das dazu bei, dass wir uns den Menschen in unserer Umgebung näher und uns wohler fühlen. Kinder sind ebenso oft wie wir traurig, nervös, wütend, fröhlich oder verlegen, aber sie haben noch nicht den Wortschatz, den wir haben, um sich ebenso gut auszudrücken.

Kindern beizubringen, Gefühle zu benennen, ist mitunter schwierig, weil „Gefühl" ein eher abstrakter Begriff ist – wie beschreiben Sie, wie es sich anfühlt, traurig oder aufgeregt zu sein oder Angst zu haben?

Häufig klagen kleine Kinder über Bauchschmerzen oder Kopfschmerzen, wenn eigentlich etwas ganz anderes los ist. Und dieser Mangel an Worten und Selbstwahrnehmung ist auch oft die Ursache, wenn sie quengeln: Im einen Augenblick ist es ihnen zu warm, dann wieder zu kalt; am einen Tag wollen sie die Milch über die Cornflakes gegossen haben und am nächsten die Cornflakes in die Milch streuen.

Es sieht so aus, als könne man ihnen nichts recht machen, und das liegt daran, dass die Quelle ihres Unbehagens nicht zu dem passt, worüber sie sich beklagen. Wenn wir komplexe Gefühle erleben, ohne sie uns recht erklären zu können, erfinden wir eine Geschichte, die dazu passt – selbst wenn sie hinten und vorne nicht stimmt.

Ein Kind ohne den nötigen Wortschatz drückt sich stattdessen oft durch Handeln aus – etwa Wutanfälle, aggressives Verhalten oder Trotz – und verursacht damit noch größere Probleme. Daher ist es gut, Kindern von klein auf beizubringen, ihre Gefühle in Worte zu fassen. Ein Kind, das sagen kann *„Ich bin sauer auf dich"* oder *„Das hat mich total geärgert"*, wird weniger dazu neigen, auf andere Kinder loszugehen.

Eine gute Möglichkeit, Ihrem Kind den Begriff der Emotion nahezubringen, besteht darin, es anfangs auf positive Gefühle hinzuweisen, zum Beispiel: *„Du siehst ganz glücklich aus, weil wir gleich in den Park wollen"* oder *„Du bist ja richtig aufgeregt, weil dein Freund / deine Freundin zum Spielen kommt"*.

Später weisen Sie dann auch auf negative Gefühle hin: *„Ich sehe, dass du sauer bist, weil diese Bauklötze so knifflig zusammenzusetzen sind"* oder *„Ein langer Schultag kann dazu führen, dass wir müde und schlecht gelaunt sind"* oder *„Ich sehe, dass du traurig bist, weil dein Freund / deine Freundin heute nicht zum Spielen kommen kann."*

In mehreren experimentellen Studien wurde festgestellt, dass man negative Gefühle reduzieren kann, indem man seine emotionalen Erfahrungen ausspricht oder aufschreibt – das ist immer noch besser, als sie gar nicht auszudrücken.

ÜBUNG: Wörter, mit denen man Gefühle ausdrücken kann

Schauen Sie die Liste durch und üben Sie, mehr von diesen Wörtern in Ihre Alltagssprache aufzunehmen, wenn Sie mit Ihrem Kind sprechen.

glücklich	stark	gut	ängstlich	verletzt	traurig
prima	eifrig	ruhig	angstvoll	aufgebracht	den Tränen nahe
Glück haben	erpicht	friedlich	verschreckt	gequält	sorgenvoll
ein Glückskind sein	sicher	wohlig	ängstlich	niedergeschlagen	schmerzerfüllt
entzückt	gewiss	erfreut	alarmiert	abgelehnt	kummervoll
lustig	inspiriert	klug	panisch	verletzt	qualvoll
übersprudelnd	entschlossen	zufrieden	nervös	gekränkt	trostlos
überglücklich	aufgeregt	still	verängstigt	schmerzvoll	verzweifelt
dankbar	begeistert	sicher	besorgt	untröstlich	pessimistisch
ekstatisch	mutig	entspannt	furchtsam	entsetzt	unglücklich
zufrieden	tapfer	munter	schüchtern	gedemütigt	einsam
froh	optimistisch	lobenswert	zitterig	ungerecht behandelt	am Boden zerstört
glücklich	zuversichtlich	herrlich	unruhig	entfremdet	daneben
fröhlich	herzhaft	bewundernswert	unsicher	bekümmert	melancholisch
sich wahnsinnig freuen	tüchtig	angenehm	bedroht	betrübt	niedergeschlagen
amüsiert	robust	außergewöhnlich		verstört	verzagt
sonnig	solide	wunderbar			mutlos
vergnügt	fähig				trübselig

4.2 Worte, die wirken

In Kapitel 2 habe ich erklärt, dass wir ständig Bilder in unserer Vorstellung erzeugen, auch wenn wir uns dessen oft nicht richtig bewusst sind. Unser Körper reagiert auf diese Bilder und versteht sie als Hinweis darauf, was er als Nächstes tun soll.

Der Schlüssel zur Angstüberwindung, den Sie Ihrem Kind anbieten können, ist, dafür Sorge zu tragen, dass es sich auf die richtigen Bilder fokussieren kann. Ein Stück weit werden diese auch von der Sprache und den einzelnen Worten festgelegt, die Sie im Kontext der Bilder benutzen. Es ist wichtig, dass Sie sich der Sprache bewusst werden, die Sie verwenden, denn Ihre Worte können sich Ihrem Kind für den Rest seines Lebens einprägen.

Wie viele von uns können sich noch erinnern, dass man ihnen sagte, sie seien *„unsportlich"* oder *„schlecht in Mathe"*? Sie wären *„schüchtern"* oder *„die Stille"*? Oder vielleicht auch derjenige, der *„sich immer Ärger einbrockt"* oder *„Krach macht"*. Diese Worte werden Teil unseres Selbstbildes, und wenn dieses Selbstbild negativ ist, wird es sehr schwierig, aus diesem Denkmuster auszubrechen und etwas anderes zu werden oder zu tun. Wie anders wäre Ihr Leben verlaufen, wenn Sie von den Erwachsenen um sich herum andere Worte gehört hätten?

Machen Sie sich auch klar, ob und wann Ihr Kind vielleicht mitbekommen hat, dass Sie mit einem anderen Familienmitglied oder einem Freund, einer Freundin über seine Ängste oder Phobie gesprochen haben. Selbst sehr kleine Kinder werden auf Ihre Worte achten und jedes einzelne begierig aufsaugen. Wenn Sie die Ängste Ihres Nachwuchses mit jemandem besprechen möchten, dann stellen Sie sicher, dass es außerhalb seiner Hörweite geschieht.

Wenn ein Kind mit einem Angstproblem kämpft, ist es sogar noch wichtiger, dass Ihr Vokabular dafür geeignet ist, es in eine ruhigere, glücklichere Verfassung zu bringen.

In diesem Teil des Buches werde ich Ihnen zeigen, wie allein schon die Änderung einiger weniger Worte eine Veränderung in Einstellung und Verhalten Ihres Kindes hervorrufen kann.

1. *Sagen Sie, was Sie* wollen, *statt zu sagen, was Sie* nicht wollen

Einer der schnellsten und einfachsten Wege, Ihrem Kind hilfreichere Bilder und Gedanken einzugeben, besteht darin, es dazu zu ermuntern, über das nachzudenken, was es ***möchte***, statt darüber, was es nicht möchte. Erinnern Sie sich daran, wie Ihre

Fantasie Ihnen als Antwort auf die Fragen, die ich Ihnen auf S. 27 gestellt habe, Bilder eingegeben hat? Ich habe schon darauf hingewiesen, dass wir uns von Natur aus zu den Vorstellungsbildern in unserem Kopf hingezogen fühlen und auch im Einklang mit ihnen handeln, fast so, als wären wir auf Autopilot. Daher ist es wichtig, dafür zu sorgen, dass die besten aller möglichen Bilder im Geist Ihres Kindes präsent sind.

ÜBUNG: Ausdrücken, was man möchte

Bitten Sie Ihr Kind, es solle sich vorstellen, in einem Restaurant zu sitzen und auf der Speisekarte folgende Gerichte zur Auswahl zu haben:

- Pizza Margherita
- Spaghetti Bolognese
- Burger und Pommes frites
- Salat mit Hähnchen

Dann fordern Sie es auf, sich eines davon auszusuchen. Nehmen wir an, es würde sich für die Pizza entscheiden. Was würde passieren, wenn der Ober kommt, um die Bestellung aufzunehmen, und das Kind würde sagen: *„Ich will nicht den Burger mit Pommes und ich will nicht den Salat mit Hähnchen“?*

Bitten Sie Ihr Kind, sich einmal zu überlegen, wie der Ober darauf reagieren würde.

Wahrscheinlich nicht sehr positiv, denn er wüsste nicht, was es essen möchte, und könnte es folglich nicht bringen. Um die Pizza zu bekommen, muss es dem Ober genau sagen, was es essen *will* – nicht, was es nicht essen will. Und das Leben ist auch ein bisschen so – wir müssen genau sein, wenn es darum geht, etwas von der „Speisekarte des Lebens“ zu bestellen.

Negative Worte können mentale Hindernisse aufbauen und dadurch auch Hindernisse im wirklichen Leben, und das erschwert es uns, weiterzukommen. Sie haben vielleicht schon einmal von der „Macht des positiven Denkens“ gehört und auch vom „Gesetz der Anziehung“. Manchmal benutzt man diese Ausdrücke in sehr vereinfachender Weise – denken Sie einfach an das, was Sie möchten, und schon fällt es Ihnen in den Schoß. Da wundert es mich nicht, dass manche Menschen skeptisch sind, ob das tatsächlich klappt.

Nicht richtig erklärt wird dabei, aus welchem Grund es wichtig ist, positiv zu denken, nämlich deshalb, weil unser Geist unsere Gedanken in diese inneren Bilder verwandelt, und dann werden wir uns magnetisch dazu hingezogen fühlen, uns genau so zu verhalten, wie sie es vorgeben.

Schauen Sie sich einmal die folgenden Sätze an:

- *Ich habe Angst, ich könnte meinen Text für die Schulaufführung vergessen.*
  Das ist nicht so hilfreich wie:
  Ich werde mich morgen bei der Schulaufführung sehr gut an meinen Text erinnern und laut und deutlich sprechen.
- *Ich hoffe, ich werde beim Wettlauf nicht der / die Letzte sein.*
  Das ist nicht so ermutigend wie:
  Beim morgigen Wettlauf werde ich schneller laufen als je zuvor.
- *Ich habe zu viel Angst, um in den Park zu gehen, weil vielleicht wieder der böse Hund da ist.*
  Das wird Sie nicht in eine zuversichtliche Verfassung bringen, deshalb sagen Sie besser:
  Ich möchte morgen ruhig und entspannt sein, wenn ich in den Park gehe.
- *Ich fürchte, dass ich bei der Party niemanden zum Reden finde.*
  Das ist nicht so gut wie:
  Ich bin gespannt, wen ich morgen auf der Party kennenlerne.
- *Ich habe Angst, dass ich alle Antworten für den Test morgen vergessen werde.*
  Das klappt schlechter als:
  Ich möchte mir alle richtigen Antworten für den Rechtschreibtest morgen merken.

Wenn Sie sich innerlich scheitern, als Letzte/-r ankommen oder verlieren sehen, mindert das Ihre Erfolgschancen ganz erheblich.

Erinnern Sie Ihr Kind daran, dass es – genau wie beim Bestellen von Gerichten, die auf der Speisekarte stehen – viel besser ist, genau das zu bestellen, was man haben möchte. Selbst wenn es dann nicht völlig überzeugt ist, dass es etwas nützt, einfach nur ein paar Worte auszutauschen, ermutigen Sie es trotzdem, seine Worte grundsätzlich so zu formulieren, dass sie das Positive ausdrücken. Das nennt man auch „sich verhalten als ob" – obwohl man weiß, dass man noch nicht ganz am Ziel ist, wirkt es, wenn man „so tut, als ob man schon dort wäre und es schaffen könnte". Denn das verändert die Chemie im Gehirn so weit, dass es den alles entscheidenden Unterschied zwischen Erfolg und Scheitern ausmachen kann.

ÜBUNG: Negatives Formulieren

Testen wir das einmal. In der Übung „Innere Bilder erschaffen“ auf S. 27 habe ich Sie gebeten, über ein paar Dinge nachzudenken und auf die Bilder zu achten, die dabei in Ihrem Kopf auftauchen, wie etwa:

- was Sie heute gefrühstückt haben,
- wie die Hauptstadt von Frankreich heißt,
- von welchem Urlaubsziel Sie träumen.

Jetzt bitte ich Sie, Folgendes zu tun:

- Halten Sie einen Augenblick inne und denken Sie nicht an ein Stück Schokoladenkuchen.

Hm ... ich frage mich, wie viele von Ihnen genau das getan haben, was Sie laut meiner Bitte unterlassen sollten. Obwohl ich Sie gebeten hatte, *nicht* an ein Stück Schokoladenkuchen zu denken, werden die meisten eines vor sich gesehen haben – es kann ein einzelnes Stück gewesen sein, ein ganzer, runder Kuchen oder ein viereckiger oder ein Brownie. Vielleicht haben Sie sogar eine Kirsche obendrauf gesehen oder Eis als Zugabe!

Es gibt keine Bilder für die Wörter „nicht, kein, niemals“ und so weiter, folglich werden Sie, sobald Sie an etwas denken, was Sie nicht wollen, dieses Etwas unvermeidlich vor sich sehen. Und was Sie sehen, werden Sie auch bekommen. Falls Sie jemals zu einem Kind gesagt haben: *„Bitte fass diese Vase nicht an“* und sich dann gefragt haben, warum es genau das getan hat, kennen Sie jetzt den Grund. Es ist besser zu sagen: *„Die Vase lassen wir besser in Ruhe.“* Und falls Ihr Kind allem Anschein nach nie daran denkt, morgens die richtigen Bücher mit in die Schule zu nehmen, dann fragen Sie sich bitte, ob Sie regelmäßig sagen: *„Vergiss ... (die Bücher) nicht.“*

Ausdrücke wie *„keine Sorge“* sind nicht sonderlich hilfreich, denn dabei wird Ihr Kind ein Bild von sich sehen, wie es sich Sorgen macht! Ein Kind hat mir kürzlich erzählt, dass seine Lehrerin auf die Rückseite der Prüfungsunterlagen geschrieben hatte: „Denk daran: Keine Panik!“ Sie dachte, das sei eine Hilfe, aber es war das Erste, was das Kind sah, ehe es die Blätter umdrehte, um mit der Prüfung anzufangen. Was für ein Bild wurde da just in diesem kritischen Moment vor sein inneres Auge gerufen! *„Denk daran, zu atmen und ruhig zu bleiben“* wäre wesentlich besser gewesen. Ich mag auch das Wort *„bleiben“*, weil es automatisch suggeriert, dass das Kind zunächst einmal ruhig war.

2. Überleg dir mal ...

Es kann Zeiten geben, in denen es nicht leicht ist, Ihr Kind dazu zu bewegen, sich nur auf das Positive zu fokussieren. Eine Möglichkeit, dem abzuhelfen, besteht darin, Ihren Sätzen eine hilfreiche Einleitung voranzustellen: „Überleg dir mal ...“ Sie fungiert als Aufforderung an das Innere Ihres Kindes, just das zu tun:

- *„Überleg dir mal, wie gut es sich anfühlen wird, wenn du die Prüfung hinter dir hast.“*
- *„Überleg dir mal: Wird es nicht prima sein, die Zahnarztpraxis mit dem Wissen zu verlassen, dass unsere Zähne gesund und blitzsauber sind?“*
- *„Überleg dir mal, ob es nicht besser wäre, das anders zu sehen.“*

3. Sätze mit „können“

Der Ausdruck „das kann ich nicht“ oder „das kannst du nicht“ wird in Gesprächen viel zu häufig verwendet und schließt die Möglichkeit aus, dass etwas künftig zu schaffen sein wird. Um sich das abzugewöhnen, sollten Sie hervorheben, dass Dinge sich ändern können und das auch tun. Ihr Kind verändert sich ja die ganze Zeit, und das heißt, dass etwas nicht zu können nur etwas Vorübergehendes ist.

- Wenn Ihr Kind sagt: *„Mathe kann ich nicht!“*, dann formulieren Sie das um in: *„Ah, du hast noch nicht herausgefunden, wie du ...“* Verlagern Sie den Schwerpunkt und sprechen Sie über das, was es schon *kann*, statt bei dem zu bleiben, was es *nicht* kann: *„Du kannst zusammenzählen, abziehen, malnehmen und teilen ... Du hast einfach noch nicht den Bogen raus, wie man Bruchrechnen macht. Denk daran, dass sich die Dinge immer wieder ändern. Wir alle verändern uns ständig – und dass du Bruchrechnen lernst, ist eben auch so etwas, was sich mit der Zeit ändern wird.“*

Auf diese Weise wird sich die Einstellung Ihres Kindes dazu allmählich ändern.

Manchmal hilft es auch, Ihr Kind an Schwierigkeiten zu erinnern, die es früher einmal hatte und inzwischen erfolgreich überwunden hat:

- *„Weißt du, früher gab es einmal eine Zeit, da konntest du noch nicht Rückenschwimmen – erinnerst du dich? Du hast herumgeplanscht und gezappelt – und ehrlich gesagt, habe sogar ich mich allmählich gefragt, ob du das je auf die Reihe bekommst.“* (Lächeln und zwinkern Sie dabei, um zu zeigen, dass Sie Spaß machen.) *„Und schau mal, was dann passiert ist: Plötzlich hat es eines Tages klick gemacht, und jetzt ... also heute ... gehörst du zu den besten Rückenschwimmern in deiner Klasse. Dass du etwas nicht gleich auf Anhieb richtig hinkriegst, heißt nicht, dass du es nie schaffen wirst – es heißt nur, dass du noch nicht den Bogen raushast, wie es geht.“*

Sie können Ihr Kind auch darauf aufmerksam machen, dass es sich ständig verändert. In Therapiestunden finde ich oft folgenden Hinweis hilfreich: *„Es gab einmal eine Zeit, da konntest du nicht gehen und da konntest du nicht sprechen – du konntest nicht lesen und auch nicht deinen Namen schreiben, aber jetzt kannst du das alles mit Leichtigkeit. ... Die Dinge ändern sich, und du änderst dich und ...* (hier setzen Sie ein, was gelernt werden soll) *ist einfach noch so etwas, was du bald mit Leichtigkeit können wirst."*

Manchmal weise ich sogar darauf hin, dass die Kinder ständig wachsen und sich fortlaufend verändern – die Haare müssen von Zeit zu Zeit geschnitten werden, die Füße werden größer und brauchen neue Schuhe, die Hosen werden zu klein, und die nächste Größe wird fällig. Die Kindheit ist eine veränderliche, dynamische Phase – nichts bleibt sehr lange gleich, und wenn man diese Wandlungsenergie anzapft, schafft das die ideale Voraussetzung für die Veränderung gedanklicher Prozesse sowie dafür, neue, andere Ergebnisse zu erreichen.

4. Sprechen Sie nie von „versuchen"

Machen Sie bitte einmal die folgende Übung, um selbst zu sehen, wie ein einziges Wort ganz leicht ein negatives Bild heraufbeschwören und Sie bremsen kann. Warum testen Sie sie nicht auch mit einer Freundin oder einem Kollegen? Bitten Sie sie / ihn, die Augen zu schließen und Ihren Anweisungen zu folgen, und anschließend machen Sie dasselbe.

ÜBUNG: „Tun" oder „versuchen"?

1. Schließen Sie die Augen und stellen Sie sich eine Tür vor.
2. Nehmen Sie die Farbe der Tür wahr und sagen Sie sie laut.
3. Öffnen Sie die Tür.
4. Wenn Sie die Tür geöffnet haben, öffnen Sie die Augen.

PAUSE

5. Schließen Sie wieder die Augen und stellen Sie sich eine andere Tür vor.
6. Nehmen Sie die Farbe der Tür wahr und sagen Sie sie laut.
7. Diesmal *versuchen* Sie, die Tür zu öffnen.

PAUSE

8. Öffnen Sie die Augen und kommen Sie in den Raum zurück:

- Welchen Unterschied haben Sie zwischen der ersten und der zweiten Tür festgestellt?
- Hatten die Türen die gleiche Farbe oder zwei verschiedene?
- Hatten sie Klinken, Schlösser oder Riegel?
- War die Klinke auf der gleichen Seite?
- Sind die Türen langsam oder schnell aufgegangen?

Sie werden feststellen, dass die meisten Leute es beim zweiten Mal schwierig finden, die Tür zu öffnen, obwohl Sie fast dieselben Worte benutzt haben. Manchen wird aufgefallen sein, dass ich im zweiten Teil der Übung das Wort „versuchen" eingefügt habe – und schauen Sie sich die Folgen an!

Wenn das Wort „versuchen" benutzt wird, wird es für uns wesentlich schwerer, das Gewünschte zu erreichen. Entweder wird es mühsam oder es gelingt uns überhaupt nicht, denn die Suggestion, die darin steckt, legt eine Anstrengung nahe, und genau das wird es dann auch sein.

Das ist eine interessante Übung, die wahrscheinlich auch bewirkt, dass Sie an Ihre Kindheit zurückdenken. Wie oft hat jemand zu Ihnen gesagt: *„Das Wichtigste ist, es überhaupt zu versuchen"* oder *„Versuch dein Bestes"* oder *„Versuche es einfach mal"*?

Ebenso ist es keine gute Idee, Ihrem Kind beim morgendlichen Aufbruch vor einer Herausforderung zu sagen: *„Versuch es einfach und gib dir alle Mühe"*, weil in diesem Satz gleich zweimal die Suggestion steckt, dass es schwierig sein wird.

Die Verwendung des Wortes „versuchen" kann auch suggerieren, dass es etwas zu fürchten gibt – beispielsweise bei einem wählerischen Esser: *„Versuch wenigstens einen Bissen"* hält man für hilfreich, aber tatsächlich suggeriert es, dass mit dem Essen etwas nicht in Ordnung ist, denn wenn es etwas Gutes wäre, würden Sie das Kind doch sicherlich ermuntern, mehr als einen Bissen zu essen.

5. Werden

Ein sehr nützliches Wort ist „werden". Es ist eine weitere Möglichkeit, Fortschritt oder einen Richtungswechsel zu suggerieren und auszudrücken, dass es vorwärts geht:

- *Und während du in Bezug darauf immer entspannter wirst, jeden Tag ein bisschen mehr …*
- *Von Woche zu Woche wirst du ein viel besserer Schwimmer werden …*

Weitere Sätze, die Veränderung und Fortschritt signalisieren, sind:

- *Und während du wahrnimmst, dass du immer erfolgreicher wirst, bei jedem einzelnen Versuch, … (X zu tun).*
- *Wenn du anfängst, die Art und Weise zu ändern, in der du die Wiederholung deines Lernstoffs organisierst, wirst du sehr schnell sehen, welchen Unterschied das bewirkt.*
- *Ich sehe an deinem entspannten Lächeln, dass eine Verwandlung stattfindet.*
- *Du wirst überrascht sein, wie schnell du aufhören wirst, diese Fehler zu machen, und anfangen wirst, immer mehr richtige Antworten zu geben.*
- *Das ist prima – du hast schon drei neue Methoden erfunden, das zu machen. Ich schätze, du hast dir noch ein paar mehr ausgedacht.*

6. Etwas in die Vergangenheit verschieben

Ein weiterer Weg, Ihrem Kind zu suggerieren, dass es seine Ängste überwinden kann und wird, besteht darin, die Illusion zu erzeugen, es hätte das schon zur Hälfte geschafft. Das ist vielleicht ein bisschen gemogelt, aber manchmal ist ein zuversichtlicher Elternteil, der die Entwicklung unterstützt und den Weg zeigt, alles, was das Kind braucht, um Veränderungen einzuleiten:

- *Du hattest doch immer solche Angst vor (Spinnen), aber jetzt kommst du viel besser damit klar. Ist dir das eigentlich schon einmal aufgefallen?*
- *Es gab einmal eine Zeit, da ist es dir richtig schwergefallen, abends einzuschlafen (weil du im Dunkeln Angst hattest), aber neulich ist mir aufgefallen, dass du jetzt viel leichter einschläfst.*
- *Ich frage mich, wann dir auffallen wird, dass du dich anders fühlst.*
- *Ist es nicht schön zu wissen, dass diese Glücksgefühle immer mehr Teil deines Alltags werden?*
- *Und jetzt bist du schon auf dem Weg, und ich frage mich, wie gut die Dinge erst sein werden, wenn du dieses Problem gelöst hast.*

7. Zeigen Sie Mitgefühl

Bestimmte Sätze implizieren, dass Sie sich in Ihr Kind einfühlen und verstehen können, was es durchmacht. Das ermöglicht Ihnen, Mitgefühl zu zeigen, obwohl es seine Gefühle vielleicht noch gar nicht in Worte gefasst und Ihnen mitgeteilt hat, falls es das überhaupt je tun wird.

Verwenden Sie Ausdrücke wie:

- *Ich sehe, dass …*
- *Ich spüre, dass …*

- *Soweit ich das verstehe ...*
- *Ich frage mich, welche zusätzliche Hilfe du jetzt gerade brauchst und wie du anfangen könntest, sie zu nutzen.*
- *Das läuft nicht gut, nicht wahr? Was machen wir, damit es besser geht?*
- *Was meinst du, was du jetzt gerade brauchst?*

8. Was Sie in Momenten der Panik sagen können

Es kann schwer sein, die richtigen Worte zu finden, wenn Ihr Kind in Panik gerät, denn verständlicherweise kann der Anblick eines panischen Kindes den gleichen Zustand in uns selbst auslösen. Wenn Sie ein paar Schlüsselsätze für die Momente lernen, in denen Ihr Sprössling von einer Wespe gestochen oder von einem Hund in Schrecken versetzt wurde, ein verstörendes Ereignis mit angesehen oder das Gefühl hat, er bekomme gleich einen Asthmaanfall, wird es Ihnen helfen, diese Situationen besser zu bewältigen:

- *Ich helfe dir, damit fertigzuwerden.*
- *Das Schlimmste ist vorbei, und von jetzt an wird alles wieder besser werden.*
- *Es fühlt sich an, als sei etwas nicht in Ordnung, aber diese Gefühle sind harmlos – alles ist okay.*
- *Du bist nicht in Gefahr – du bist ganz sicher. Dein Gehirn sendet dir das falsche Signal – dir geht es gleich wieder gut.*
- *Du hast Angst bekommen, weil du nicht wusstest, was diese Gefühle zu bedeuten haben, aber die Angst wird gleich wieder vergehen.*
- *Atme zusammen mit mir, komm, wir kommen zusammen runter.*
- *Ich sehe, dass es dir schwerfällt, dich zu entspannen, aber du kannst dir erlauben, dich Schritt für Schritt zu beruhigen, selbst wenn die Angst noch da ist.*
- *Wenn du anfängst, langsamer zu atmen, wirst du merken, wie viel leichter du dich gleich fühlst.*
- *Komm mit mir dort hinüber, damit ich dir helfen kann, dich wieder besser zu fühlen, und halte dabei meine Hand.*
- *Dass du Angst hast, heißt nicht, dass du in Gefahr bist.*
- *Angstgefühle gehen immer wieder weg – hast du jemals eine Angst gehabt, die nicht wieder wegging?*

Lektüreempfehlung: Weitere Beispiele dafür, wie Sie diese Sprache der Überzeugung anwenden können, finden Sie in meinem Buch *Words that Work: How to Get Kids to Do Almost Anything.*

4.3 Familientreffen

Nachdem Sie jetzt eine klarere Vorstellung davon haben, was Sie zu einem Kind sagen können, das Angst hat, ist der nächste Schritt, das Problem zu besprechen, damit Sie gemeinsam Lösungen finden und planen können, wie es vorwärtsgeht.

Ich weiß, dass das für manche von Ihnen kein Thema ist, da Sie bereits darüber sprechen, vielleicht sogar täglich. Aber viele von Ihnen werden jedes Gespräch über das Problem vermeiden, weil Sie fürchten, es dadurch zu verschlimmern oder seine Peinlichkeit noch zu steigern. Selbst wenn es zunächst nach einer Herausforderung aussieht, stellen die meisten fest, dass alle erleichtert aufatmen, wenn die Dinge erst einmal offen auf dem Tisch liegen.

Wenn die Vorstellung eines Gesprächs, bei dem Sie sich gegenübersitzen, Sie abschreckt, dann könnten Sie auch überlegen, es auf einer Autofahrt zu führen oder bei einem Spaziergang, wenn Sie nebeneinander hergehen. Bei größeren Kindern oder Teenagern könnten Sie sogar einen Nachtspaziergang mit Taschenlampen in Erwägung ziehen und sich unterhalten, während Sie den Sternenhimmel betrachten oder nach Nachttieren Ausschau halten. Wenn Sie das Gefühl der Nähe fördern, hilft das, schwierige Probleme leichter anzusprechen.

Ich empfehle Ihnen dringend, regelmäßig Gespräche im Kreis der ganzen Familie zu führen, denn diese werden dazu beitragen, Ihr Kind gegen die Schwierigkeiten und Herausforderungen des Alltags zu impfen. Eine gute Kommunikation innerhalb der Familie ist entscheidend, wenn Sie Ihre Kinder zur Resilienz erziehen wollen.

Sie können Ihre regelmäßigen Gespräche nennen, wie immer Sie wollen, solange es zu Ihrer Familie passt: Treffen, Familienkreis, runder Tisch, Ideenschmiede, Gesprächskreis, Zusammenkunft, Meeting, Wochentreffen usw. Der Name spielt keine Rolle, aber es ist wichtig, dass Familien sich Zeiten in ihren Terminkalender eintragen, in denen alle zusammen sein wollen. So wunderbar die heutigen technischen Fortschritte auch sein mögen – mit Computern, Smartphones und Streaming-Diensten –, wissen wir doch alle, dass man einander dann, wenn jeder im Haus seine eigenen elektronischen Geräte hat, leicht aus den Augen verliert, obwohl man unter demselben Dach wohnt.

Gesprächsthemen

Es ist gut, wenn Sie Ihre Zusammenkünfte mit irgendeiner guten Nachricht beginnen – gibt es irgendwelche positiven Dinge, über die Sie sprechen könnten? Zukunftspläne schmieden, etwa für den Urlaub, oder eine Diskussion darüber, ob Sie am Wochenende grillen sollen, sind ein angenehmer, neutraler Einstieg in ein Gespräch. Danach können Sie alle der Reihe nach zu Wort kommen lassen und fragen, ob jemand etwas Gutes oder Lustiges zu erzählen hat. Das wird die Tonlage des Treffens bestimmen, und die Kinder werden die Runde als eine vergnügliche Sache ansehen.

Dann wird Ihre Familienversammlung im Idealfall auch ein sicherer Ort werden, an dem sich alle Familienmitglieder wohl genug fühlen, um auch ihre Sorgen und Probleme zu diskutieren.

Geteiltes Leid ist halbes Leid

Ich habe mit vielen Kindern gearbeitet, die ihre Angst oder Phobie beharrlich vor ihren Geschwistern und anderen Familienmitgliedern geheim gehalten haben. Damit hatten sie letzten Endes zwei Probleme – die Angst selbst und obendrein noch die Sorge, gehänselt oder verspottet zu werden, weil sie dieses Problem überhaupt haben.

Wir alle wissen: Wenn wir ein Problem leichtnehmen und darüber lachen, kann das eine enorme Hilfe sein, weil es uns erlaubt, ihm die richtigen Proportionen zuzumessen und ins Gleichgewicht zu kommen. Aber kein Kind sollte sich wegen seiner Ängste und Sorgen je dumm fühlen müssen – sie gehören zu jedem gesunden Menschen. Es wäre merkwürdig und ungewöhnlich, niemals Angstgefühle zu empfinden – und auch gefährlich, denn sie können uns das Leben retten.

Sich zu öffnen und zu einem Problem zu bekennen ist ein gewaltiger Schritt, weil wir dadurch automatisch gegenüber der Gruppe verletzlich werden, und das widerstrebt unserem natürlichen Überlebensinstinkt. Deshalb sollte jedes Kind, das das tut, Beifall bekommen. Sobald das Thema auf dem Tisch ist, kann die ganze Familie ein Brainstorming machen und reihum mögliche Lösungen für das Problem vorschlagen. Diese können notiert werden – sehen Sie zu, dass Sie mindestens zehn Punkte auf der Liste haben –, und dann kann das betroffene Kind die Lösungen verwerfen, die ihm nicht behagen, und sich überlegen, wie es die Lösung umsetzen und anwenden kann, die ihm reizvoll erscheint.

Wenn Sie eine lange Liste mit Lösungen zusammenstellen, lernt Ihr Kind daraus, dass es in Ordnung ist, kreativ zu sein und unkonventionell zu denken. Es spricht nichts dagegen, eine Idee ins Spiel zu bringen, die sich bei näherem Hinsehen als nicht gar so gut herausstellt. Es darf keine Beschämung, keine Vorwürfe geben – nur Lob dafür, die Liste der möglichen Lösungen noch zu verlängern. Und die wildeste, verrückteste Idee kann großes Gelächter ernten – ich empfehle sogar, dass alle Erwachsenen einen grotesken Einfall beisteuern, der nachher wieder aussortiert wird, einfach um zu zeigen, dass nicht die Welt untergeht, wenn man danebenliegt und ausgelacht wird.

Und wenn ein Kind beschließt, es wolle jetzt daran arbeiten, beispielsweise seine Angst vor Hunden zu überwinden oder besser mit seiner Prüfungsangst umgehen zu lernen, dann wäre das die ideale Zeit für andere Familienmitglieder, ebenfalls eine oder zwei Sorgen zu offenbaren, um zu zeigen, dass sie zum Leben gehören. Allerdings empfehle ich Ihnen, keine gravierenden Dinge anzusprechen – gestehen Sie in diesem Rahmen nicht, dass Sie Angst haben, Ihren Job zu verlieren oder die Hypothek nicht weiter abbezahlen zu können. Hat jemand eine Spinnenphobie zu bieten?

Tipps, wie man Kinder zum Reden bringt

Nun ist zwar gut und schön, ein Familientreffen zu planen, aber was ist, wenn Ihre Kinder einfach nicht gesprächig sind? Oder wenn ein Kind das Gespräch dominiert und Sie sehen, dass die anderen gerne den Mund halten?

Wenn Sie mit diesen Versammlungen beginnen, solange die Kinder noch relativ klein sind, werden Sie wahrscheinlich keine großen Probleme haben, sie zu einer aktiven Teilnahme zu bewegen. Aber wenn Sie die Treffen erst einführen, wenn sie schon größer oder Teenager sind, reagieren sie vielleicht mit einem gewissen Misstrauen und äußern Widerstand gegen eine Teilnahme. Dann beherzigen Sie bitte die folgenden Tipps:

- **Denken Sie daran, offene Fragen zu stellen:** Beginnen Sie Ihre Sätze mit *„was, warum, wo, wie“* anstatt mit: *„Hast du …“*
- **Fragen Sie nach weiteren Einzelheiten:** *„Und was war das Beste dabei? / Und was ist dann passiert? / Das ist ja spannend … und wie ging es weiter? / Aha, erzähl doch noch ein bisschen mehr!“*
- **Steuern Sie Beobachtungen bei:** *„Du siehst aus, als hätte dir das wirklich Spaß gemacht / Ich sehe, dass du dir große Mühe gegeben hast, das gut zu machen … / Das ist interessant …“*

- **Seien Sie mit hundertprozentiger Aufmerksamkeit dabei:** Wir ärgern uns über unsere Kinder, wenn wir mit ihnen reden und sie nicht zuzuhören scheinen. Das ist ein hässliches Gefühl, und am Ende fragen wir uns, ob es überhaupt Sinn hat, noch weiterzureden. Ihr Kind empfindet das ganz genauso. Wenn es mit Ihnen spricht, müssen Sie ihm daher Ihre volle Aufmerksamkeit schenken und es anschauen. Das heißt: Sie checken nicht nebenbei Ihre Mails, schreiben nichts auf einen Notizblock, zupfen nicht an Ihren Fingernägeln herum, füttern nicht die Katze, räumen nicht die Waschmaschine aus usw. Andernfalls werden Sie eines Tages feststellen, dass Ihr Kind aufgibt und Ihnen überhaupt nichts mehr erzählt.
- **Sie brauchen nicht jedes Problem zu lösen:** Haben Sie je versucht, einer Freundin oder einem Freund von einem Problem zu erzählen, das Sie belastet, und wurden dabei alle paar Sätze mit einem Lösungsangebot unterbrochen? Das ist nervig, nicht wahr? Und oft genug sind die Ratschläge, die Sie bekommen, unbrauchbar, was Ihr Gegenüber auch selbst merken würde, wenn es Ihnen nur in Ruhe bis zum Ende der Geschichte zuhören würde! Ihrem Kind geht es genauso. Manchmal muss es etwas einfach nur loswerden, damit es ihm besser geht. Wenn Sie also hören, dass Ihr Kind in der Schule umgeschubst wurde, dann reicht manchmal ein einfacher Satz: „*Oh, das ist nicht schön! Hast du dir wehgetan?*" So gerne Sie vielleicht zur Schule laufen und das andere Kind ausschimpfen und die Sache einer Lehrerin melden würden – das ist nicht das, was Ihr Kind von Ihnen möchte; es wünscht sich einfach ein offenes Ohr und möchte wahrscheinlich auch gerne in den Arm genommen werden.

Wie oft sollten Sie Ihre regelmäßigen Treffen abhalten?

Kurz und oft ist gut bei kleinen Kindern. Sie können die Versammlung auf 15 bis 20 Minuten begrenzen und sie einmal oder sogar zweimal in der Woche abhalten. Ältere Kinder und Teenager fühlen sich vielleicht ein bisschen „unter Beobachtung", wenn die Treffen zu häufig sind, da ist einmal alle zwei Wochen wahrscheinlich besser. Wenn Sie sie nur einmal im Monat ansetzen, verlieren Sie vermutlich das Gefühl der Regelmäßigkeit, und es könnte sich ein unbehagliches Gefühl à la „Was wird mir wohl jetzt wieder vorgehalten werden?" einschleichen.

Wo soll das Treffen stattfinden?

Ihre regelmäßigen Familienrunden bei den Mahlzeiten abzuhalten, wenn sowieso alle um den Tisch sitzen, mag Ihnen vielleicht praktisch erscheinen, aber ich empfehle es nicht. Es ist nicht gut für Kinder, sich beim Essen ängstlich und beklommen zu fühlen, denn das könnte schon wieder neue Probleme aufwerfen. Gemeinsame Mahlzeiten in der Familie sollten entspannt und eine Freude sein.

Ihre Familienversammlung braucht noch nicht einmal formal um einen Tisch herum stattzufinden, obwohl es manchmal hilfreich sein kann, um die Aufmerksamkeit auszurichten und eine Fokussierung zu erleichtern. Manchmal möchten Sie vielleicht auch etwas aufschreiben, sei es auf Papier oder auf Ihrem Laptop oder Tablet.

Aber Sie könnten auch:

- im Kreis auf einem Teppich auf dem Wohnzimmerboden sitzen,
- auf einer Decke im Garten sitzen,
- die Sitzung während eines Picknicks im Park abhalten,
- von weichen Kissen umgeben auf einem Bett sitzen,
- im geparkten Auto reden – oder sogar während eines Verkehrsstaus.

Ich empfehle Ihnen, dass Sie ab und zu einen anderen, durchaus auch ungewöhnlichen Ort wählen, besonders wenn Sie finden, dass die Treffen nicht so gut laufen, wie Sie das gerne hätten. Halten Sie nicht jedes Mal dieselbe Sitzordnung ein – es ist gut, die Plätze zu wechseln, und es kann sein, dass Ihre Kinder an einem anderen Platz kreativer und entspannter sind.

Nehmen Sie sich nach diesen Zusammenkünften immer Zeit, sie hinterher noch einmal zu überdenken: Wie ist es gelaufen? Was könnten Sie nächstes Mal besser machen – und wie? Damit entwickeln Sie gute Gewohnheiten, die Ihrer Familie viele Jahre lang wertvolle Dienste leisten werden.

5. | Hilfreiche Werkzeuge

5.1 Messskalen

Wenn ich Menschen helfe, Probleme mit Ängsten zu überwinden, bitte ich sie im Allgemeinen, die Intensität ihrer Gefühle auf einer Skala von eins bis zehn einzustufen. Oft ist es hilfreich, das gleich zu Beginn einer Sitzung zu tun, damit ich hinterher eine Vergleichsmöglichkeit habe und sehe, wie sie sich fühlen, wenn wir die jeweiligen Themen durchgearbeitet haben. Eine solche Skala kann einen Hinweis darauf geben, ob wir in die richtige Richtung gehen, und stellt einen wertvollen Beweis für die Betreffenden dar, dass sie sich rasch zu einem besseren Gefühl verhelfen können, wenn sie die Techniken anwenden, die ich ihnen beibringe.

Kindern fällt es wesentlich schwerer, ihre Angst mithilfe einer Zahlenskala einzustufen, deshalb greife ich bei ihnen lieber zu visuellen Signalen, etwa zu einer Skala in Gestalt einer Reihe von Gesichtern, deren Ausdruck von heiter bis angstvoll reicht (vgl. Abbildung 1).

In den folgenden Kapiteln werde ich Sie mit einer breiten Palette von Übungen und Techniken bekannt machen, die Sie bei Ihrem Kind anwenden können, um seine Angstgefühle zu mildern. Ein guter Ausgangspunkt ist dabei, das Kind auf die Skala schauen zu lassen und es zu fragen, welches Gesicht am besten ausdrückt, wie es sich jetzt im Augenblick fühlt. Dann können Sie weitermachen und sagen: *„Komm, wir machen mal diese Übung, und dann schauen wir, wie du dich danach fühlst.“* Wenn Sie damit fertig sind, werfen Sie wieder gemeinsam einen Blick auf die Skala und bitten Ihr Kind, die Intensität seiner Gefühle ein zweites Mal zu beurteilen. Dabei wird entweder herauskommen, dass sich die Einstufung verbessert hat, und dann sind alle glücklich, oder auch nicht, und dann müssen Sie die Übung wiederholen oder sich etwas anderes einfallen lassen. Aber es ist in jedem Fall nützlich, irgendein greifbares Feedback zu haben.

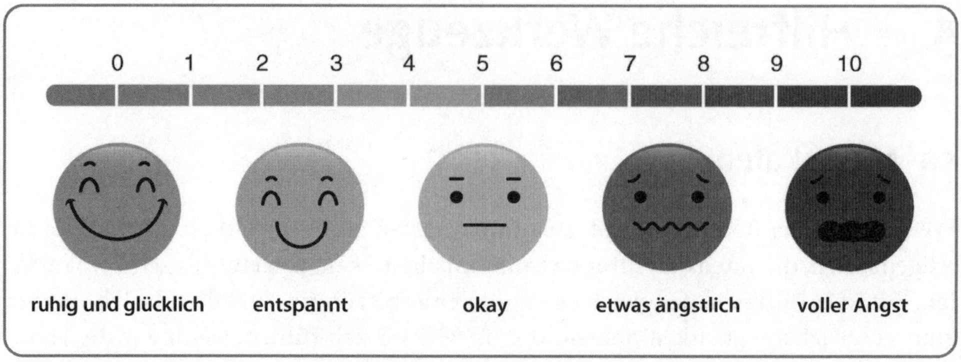

Abbildung 1: Messskala

5.2 Ein Ziel formulieren

Manche Arten von Angst erfordern vielleicht, dass man sie längerfristig und mit Ausdauer angeht (zum Beispiel die Überwindung von Trennungsangst oder die Verweigerung des Schulbesuchs), und wenn Sie einen Aktionsplan mit einem klaren Ziel aufstellen, hilft Ihnen das.

Überlegen Sie einmal – wenn Sie nicht wissen, wohin Sie wollen, woher wissen Sie dann, wann Sie am Ziel sind? Wenn das Problem Ihres Kindes ein einmaliger Nervositätsanfall vor einer mündlichen oder schriftlichen Prüfung ist, dann brauchen Sie allerdings nicht unbedingt eine Zielbestimmung vorzunehmen, da reicht es vielleicht auch, ohne Umschweife ein paar Entspannungstechniken und Visualisierungsübungen zu machen.

Je klarer und spezifischer Ihr Kind ausdrücken kann, wie es sich gerne fühlen möchte, desto größer sind die Erfolgschancen. Manchmal ist das nicht so leicht in Worte zu fassen – manche Kinder haben gar nicht das Gefühl, dass sie etwas Bestimmtes wollen, sie wissen nur, was sie *nicht* wollen, nämlich die unerwünschten Gefühle von Angst und Elend.

Gemeinsam können Sie ein klar definiertes Ziel aufschreiben, indem Sie die folgenden Fragen beantworten:

1. **Ist das Endziel positiv formuliert?**
   - *„Ich möchte mich fröhlich und entspannt fühlen, wenn ich in die Schule gehe"*, und nicht: *„Ich will nicht angespannt sein, weil ich in die Schule muss."*
   - *„Ich möchte mich nachts entspannt fühlen und gut schlafen"*, und nicht: *„Ich will im Dunkeln keine Angst mehr haben."*
   - *„Ich möchte mich vor Prüfungen ruhig fühlen und mich an alles erinnern können, was ich gelernt habe"*, und nicht: *„Ich will aufhören, mir ständig Sorgen wegen meiner Prüfung zu machen."*

2. **Können Sie dieses Ziel allein erreichen oder werden Sie Hilfe von anderen brauchen?**
   Identifizieren Sie alle Ressourcen und Menschen, die Ihr Kind als Hilfen brauchen könnte, um das positive Ziel erreichen zu können. Vielleicht können Sie einige Menschen einbeziehen, von denen Sie wissen, dass sie in der Vergangenheit ein ähnliches Problem hatten, und sie fragen, wie sie es gelöst haben.

3. **Ist der Kontext klar definiert? Wie kann das Ziel erreicht werden – wann, wo, wie, mit wem?**
   Wenn Sie das Ziel festgelegt haben, formulieren Sie sehr deutlich, wie es erreicht werden kann. Will Ihr Nachwuchs etwa bei einem Theaterstück in der Schule mitspielen können, dann schreiben Sie sämtliche erforderlichen Schritte auf, ehe das Kind zum Vorsprechen gehen kann.
   Ein größeres Ziel, wie das Bestehen einer Aufnahmeprüfung für eine neue Schule oder eine Universität, muss vielleicht in kleinere Teilstücke heruntergebrochen werden. Wird das Kind oder der / die Jugendliche mehr lernen müssen, zusätzlich Nachhilfe brauchen oder neue Fähigkeiten erwerben müssen, wie das Auftreten bei einem Vorstellungsgespräch?

4. **Denken Sie daran, bei der Zielformulierung alle Sinne einzubeziehen.**
   Nachdem Sie das Ziel ganz genau definiert haben, notieren Sie einige Beweise dafür, dass Sie es erreicht haben, die auf sinnlicher Wahrnehmung beruhen. Woher wird Ihr Kind wissen, dass es sein Ziel erreicht hat? Es „weiß" vielleicht, dass es gerne auf der Bühne stehen und voller Selbstvertrauen singen können möchte, aber wie wird das genau aussehen? Was wird es sehen, hören und fühlen, wenn es schließlich am Ziel seiner Wünsche angekommen ist?

5.3 Belohnungssysteme

Es gibt widersprüchliche Ratschläge dazu, ob es empfehlenswert ist, als zusätzlichen Anreiz zur Überwindung von Ängsten eine Belohnung auszusetzen. Auf den ersten Blick klingt es nach einer guten Idee, dem Kind als Anerkennung etwas zu schenken, was es sich wünscht – wenn es sich anstrengen soll, um eine Schwierigkeit zu überwinden, kann etwas Zuckerbrot die Stärke der Motivation entscheidend beeinflussen.

Kinder zu belohnen und zu loben – statt sie zu strafen und zu disziplinieren – ist inzwischen so gängig geworden, dass kaum jemand innehält und überlegt, ob das wirklich eine so gute Idee ist. Die meisten Menschen machen es einfach, weil sie dann das Gefühl haben, gute Eltern zu sein.

Ich möchte Sie jedoch dazu anregen, noch einmal darüber nachzudenken. Studien haben inzwischen gezeigt, dass Kinder am Ende manchmal weniger erreichen, wenn sie eine Belohnung erwarten oder erhoffen. Erstens fangen sie dann an, sehr abhängig von äußerlicher Bestätigung zu werden, statt ein gutes Gefühl dafür zu entwickeln, wie sie sich innerlich fühlen, wenn sie am Ziel sind, und zweitens verlagert es den Schwerpunkt und die Aufmerksamkeit vom Hauptziel weg, wenn Sie beispielsweise einem Schulverweigerer neue Sportschuhe versprechen, um das Problem in den Griff zu bekommen. Das ist für Ihr Kind eine mentale Ablenkung, denn es wird das Bild der Sportschuhe vor seinem inneren Auge haben, statt sich mit dem Gefühl innerer Ruhe und Zuversicht in die Schule zurückkehren zu sehen. Kurzfristig mag das klappen, aber was ist, wenn die neuen Sportschuhe den Reiz der Neuheit verloren haben – und vielleicht die Angstgefühle zurückkehren? Dann wird Ihr Kind als Kompensation dafür, dass es sich schlecht fühlt, nach der nächsten „Belohnung" Ausschau halten, und wenn es erwachsen wird, können sich die kompensatorischen Belohnungen leicht in eine ungesunde Richtung entwickeln, wie wir wissen.

Natürlich muss bei jeder Herausforderung etwas Positives zu gewinnen sein, andernfalls hätte es keinen Sinn, sich ihr zu stellen. Aber ermuntern Sie Ihr Kind lieber dazu, das Endziel selbst als „Belohnung" im Blick zu behalten, denn das wird seine Chancen erhöhen, es zu erreichen.

Das soll nicht heißen, dass Sie Ihrem Nachwuchs nie mehr ein „Bonbon" geben sollen, aber es kann so aussehen, dass es das Ziel unterstützt. In einem Fall von Schulverweigerung könnte man etwas Folgendes sagen:

„Wenn du wieder in die Schule gehst, dann wirst du dich freuen, wieder jeden Tag deine Freunde zu sehen und mehr mit ihnen zusammen zu sein, wie wir beide wissen. Callum hat gesagt, er freut sich schon, wenn du bald wieder neben ihm sitzt. (BELOHNUNG) Am Ende des Halbjahrs könnten wir mit ihm zusammen ins Kino und hinterher essen gehen. Wie wäre das?" (BONBON)

5.4 Ein Tagebuch führen

Manchmal wird empfohlen, eine Belohnungstafel zu führen, auf die täglich Sternchen geklebt werden, wenn ein Problem wie Durchschlafschwierigkeiten oder Trennungsangst überwunden werden soll, aber ich würde zur Vorsicht raten. Sternchentafeln sind praktisch ein Belohnungssystem, und wenn es an einem Tag mal nicht so gut läuft, vermitteln sie Ihrem Kind die doppelte Enttäuschung, keinen Erfolg zu haben und dann auch noch keinen Stern zu bekommen. Andererseits ist es eine gute Idee, ein „Erfolgstagebuch“ zu führen, um Fortschritte sichtbar zu machen – denn Studien haben gezeigt, dass das, was gemessen wird, sich automatisch verbessert. Das ist ideal für Situationen, die man nicht im Handumdrehen auflösen kann – man vergisst so leicht die Fortschritte, die bereits erreicht wurden, daher wird es Ihrem Kind helfen, zurückschauen zu können. Und wenn es aus irgendeinem Grund wieder ein Stück zurückfällt und nachlesen kann, dass es schon einmal Fortschritte gemacht hatte, stärkt das seine Motivation, sich weiter anzustrengen.

Wenn Sie umfassend Tagebuch führen, gibt Ihnen das auch die Möglichkeit, zurückzublicken und zu fragen: *„Was ist in den 24 Stunden davor passiert?“*, wenn Ihr Kind einmal einen schlechten Tag hatte. Nehmen Sie sich ein wenig Zeit, um zu überlegen, ob es ein stressiger Tag in der Schule war oder ein Faulenzertag in den Ferien mit zu viel Medienkonsum. Hat das Kind viel Schlaf bekommen oder ist es spät ins Bett gegangen, weil es zu viele Hausaufgaben hatte? Ist es zu einer Geburtstagsparty zu einem Freund, einer Freundin gegangen und hat zu viel Zucker gegessen? All das sind wertvolle Informationen.

Ein Tagebuch führen

Teil 3

Erste-Hilfe-Techniken und -Strategien

In diesem Teil werde ich Ihnen detailliert die Methoden vorstellen, die ich regelmäßig bei Kindern in meiner Praxis in der Harley Street anwende. Darauf können Sie dann als Ressource zurückgreifen, wenn Sie eine Lösung für ein bestimmtes Problem brauchen.

Vielleicht ist es für Sie zweckmäßig, diese Techniken erst einmal nur zu überfliegen, denn ein besseres Verständnis für ihre Anwendung gewinnen Sie, wenn Sie Teil 4 lesen, in dem ich detailliert darüber berichte, wie ich einer Reihe von Kindern mithilfe dieser Methoden geholfen habe, mit ganz unterschiedlichen Problemen fertigzuwerden. Dann können Sie zu diesem Teil zurückkommen und die Techniken genauer studieren.

6. Entspannen wir uns

Entspannung lässt sich auf vielen Wegen erreichen, und wenn man sich etwas Zeit nimmt, die Muskeln zu dehnen und anzuspannen, ehe man sie dann entspannt, kann das ein sehr effektiver Weg sein, Stress aus dem Körper zu schaffen. Wenn kleine Kinder lernen sollen, sich zu entspannen, kann man das spielerisch machen. Ich empfehle Ihnen, die folgenden Übungen in Ihre wöchentliche Routine einzubauen.

ÜBUNG: Entspannung mit Dehnung und Anspannung

1. Marschieren Sie stramm und aufrecht durch den Raum.
2. Laufen Sie auf der Stelle.
3. Bewegen Sie die Arme über dem Kopf hin und her, als seien sie die Zweige eines Baums.
4. Verziehen Sie das Gesicht zu einer Grimasse, sodass Sie aussehen wie ein furchteinflößendes Monster.
5. Recken Sie sich zum Himmel empor und machen Sie sich so groß wie möglich.
6. Rollen Sie sich ganz zusammen, um sich so klein wie möglich zu machen.
7. Ballen Sie die Hände kräftig zur Faust – dann öffnen Sie sie wieder. Wiederholen Sie das.

Jetzt kommen wir zur Ruhe und entspannen uns:

1. Tun Sie so, als seien Sie ein großes, schweres Tier, das sehr langsam und schwerfällig durch den Raum tappt.
2. Tun Sie so, als seien Sie eine Maus, und bewegen Sie sich so leise und langsam wie möglich.
3. Werden Sie zu einem „schlafenden Löwen", indem Sie sich auf den Boden legen und ein paar Minuten lang reglos und so still wie möglich liegen bleiben.

ÜBUNG: Progressive Muskelentspannung

Bei dieser passiven, progressiven Muskelentspannungsübung geht man nach und nach alle Körperteile durch und bringt den Körper langsam völlig zur Ruhe. Nutzen Sie die gleich folgenden Anweisungen, um Ihr Kind Schritt für Schritt sanft in einen ruhigen, entspannten Zustand zu führen. Sprechen Sie dabei langsam und ruhig; wenn Sie mögen, können Sie auch im Hintergrund entspannende Musik laufen lassen. Ideal ist diese Übung am Abend beim Zubettgehen.

Sagen Sie Ihrem Kind, es solle es sich auf dem Bett, auf einem Sofa oder auch auf dem Boden bequem machen, mit einem Kissen unter dem Kopf – einfach an einem Ort, an dem es sich wohl und entspannt fühlen kann.

Erklären Sie ihm, dass Sie gleich eine Übung mit ihm machen werden, die seinem Körper hilft, sich zu entspannen und sich noch zehnmal gelöster anzufühlen als jetzt. Sie können auch Bilder mit einfließen lassen: Du wirst so schlaff wie eine Stoffpuppe oder so wabbelig wie Wackelpudding und so weiter.

1. Bitten Sie Ihr Kind, die Augen zu schließen und die Aufmerksamkeit auf den Atem zu richten. Sagen Sie ihm, dass es seinen Atem vielleicht sogar in den Ohren hören kann, wenn es allmählich herunterkommt. Geben Sie ihm dafür einen Augenblick Zeit.
2. Jetzt ist es Zeit, den Kopf zu entspannen. Bitten Sie das Kind, die Augen drei Sekunden lang fest zuzukneifen, dann locker zu lassen und sie wieder zu öffnen. Wiederholen Sie das und lassen Sie es dann sanft die Augen schließen.
3. Jetzt ist es Zeit, an die Kiefermuskeln zu denken. Bitten Sie Ihr Kind, den Mund so weit in die Breite zu ziehen, wie es kann, wie bei einem breiten Lächeln, dabei die Zähne zusammenzubeißen und die Spannung wieder drei Sekunden lang zu halten. Dann soll es den Kiefer völlig loslassen, ihn schlaff herunterhängen lassen – vielleicht wird sich dabei auch ein wenig der Mund öffnen.
4. Weiter geht es mit den Schultern – sagen Sie dem Kind, es solle sie bis zu den Ohren hochziehen und sie drei Sekunden dort halten. Dann kann es sie wieder locker lassen.
5. Jetzt sind die Arme an der Reihe – es soll einen Ellbogen so weit anwinkeln, dass das Handgelenk fast die Schulter berührt (jeweils nur einen Ellbogen), die Spannung drei Sekunden halten, dann loslassen und den Arm sachte nach unten sinken lassen.
6. Jetzt weiter zu den Händen – das Kind soll erst die eine, dann die andere Hand zur Faust ballen und sie ein paar Sekunden so halten, dann wieder locker lassen. Ermuntern Sie es, darauf zu achten, wie all diese Körperteile jetzt anfangen, sich zu entspannen, und sich vielleicht sogar schwer anfühlen.
7. Im nächsten Schritt geht es in die Körpermitte hinein – weisen Sie Ihr Kind darauf hin, dass sich sein Bauch jetzt entspannter anfühlen wird, während sein Atem in diesen Bereich einströmt und wieder ausströmt.
8. Jetzt fühlt sich der Rücken an, als würde er tiefer und tiefer in das Bett oder das Sofa einsinken. Er fühlt sich jetzt gut an ... fühlt sich entspannt an.
9. Die beruhigende, entspannende Energie beginnt jetzt, hinunter in die Beine zu fließen – vielleicht möchte Ihr Kind sie ganz sanft ein bisschen ausschütteln, ehe es sie zur Ruhe kommen und ganz still liegen lässt.
10. Jetzt können Sie suggerieren, dass die Füße mit den Zehen zum Fußende des Betts oder Sofas zeigen möchten und dann nach außen fallen und sich wie der übrige Körper entspannen möchten.
11. Sagen Sie Ihrem Kind, dass das wunderbare, ruhige, entspannte Gefühl sich jetzt in seinem ganzen Körper ausgebreitet hat – vom Scheitel bis ganz hinunter in die Fußspitzen –, es fühlt sich jetzt gut, ruhig und gelöst.

12. Welche Farbe möchte es diesem Gefühl der Entspannung gerne geben? Kann es sich vorstellen, diese spezielle Farbe wie eine magische Welle wunderbarer Energie durch seinen Körper wandern zu lassen?

Sagen Sie Ihrem Kind, es solle noch mindestens fünf Minuten in dieser Stellung liegen bleiben, wenn möglich. Regelmäßiges Üben wird ihm helfen, sich schneller zu entspannen, und es wird ihm leichter fallen, länger in der Ruhe zu bleiben.

Die letzte Suggestion sollte lauten, das Kind werde, sobald es dazu bereit ist, ganz leicht seine Augen öffnen und wieder in den Raum zurückkehren können. Manche Kinder schlafen bei dieser Übung ein, und das ist dann ebenfalls in Ordnung. Wenn Sie sehen, dass das bei Ihrem Kind so ist, dann ist die Übung vor allem beim Schlafengehen hilfreich.

6.1 Atemtechniken

Angst kann Kurzatmigkeit hervorrufen. Das führt zu Blässe, schweißnassen Händen und Schweiß im Gesicht, einem Engegefühl in der Brust und sogar zu Schwindel und Ohnmachten. *„Jetzt hol erst einmal tief Luft"* ist eine traditionelle Reaktion darauf und ein Satz, den wir alle kennen, aber einen sehr tiefen Atemzug sollte ein Mensch voller Panik genau nicht machen. Angstgefühle können auch dadurch entstehen, dass man zu viel Luft in der Lunge hat, und das vermittelt einem das Gefühl, man könne nicht richtig atmen.

Alle Symptome, die ich gerade aufgezählt habe, sind jenen von Asthma recht ähnlich. Daher hört man gar nicht selten von Erwachsenen, denen man als Kinder gesagt hatte, sie hätten Asthma, ihnen wäre jetzt klar, dass sie in Wirklichkeit eine Angst- oder Panikattacke gehabt hätten.

Wie dem auch sei, die erste Reaktion sowohl auf Asthma als auch auf eine Angstattacke sieht ziemlich ähnlich aus. Es ist sehr hilfreich und wichtig, Ihrem Kind eine elementare Atemkontrolle beizubringen, die es mithilfe von praktischen Übungen erwerben kann, ehe ein Notfall eintritt. Ich empfehle Ihnen, regelmäßig spielerische Atemübungen zu machen, denn man weiß nie, wann man sie brauchen kann, und einem Kind, das seinen Atem kontrollieren kann, wird es dabei viel besser gehen.

Wir alle fühlen uns nach einigen tiefen Atemzügen wesentlich besser, weil das für unseren Körper eine Möglichkeit ist, durch Stress entstandene Stoffe auszuscheiden, die sich im Lauf der Zeit in uns ansammeln. Das ist auch der Grund dafür, dass wir uns besser fühlen, wenn wir uns einmal richtig ausgeweint haben – auch in den Tränen schwemmen wir Stresstoxine aus.

Alles herauspusten

Spielzeuge können Kindern helfen, kräftiges Ausatmen zu üben und ihren Atem zu kontrollieren, und das ist ein guter Weg, ihnen diese Möglichkeit nahezubringen. Einige Beispiele dafür sind:

- Miniaturwindmühlen, deren Flügel durch Pusten angetrieben werden;
- Seifenblasen, die man durch einen Blasring pustet;
- Luftballons;
- Strohhalme, mit denen man Blasen in ein Getränk pusten kann;
- Federn, die man vor sich auf den Tisch legt und dann auf die andere Seite hinüberbläst.

Sie können ihr Kind auch bitten, die Hand locker zu ballen und sich vorzustellen, es halte einen Luftballon oder eine Papiertüte darin und blase ihn auf – es geht darum, langsam und tief auszuatmen.

ÜBUNG: Die Länge des Ausatmens zählen

1. Bitten Sie Ihr Kind, es sich bequem zu machen, einmal tief einzuatmen und dann so lange auszuatmen, wie es irgend kann. Wenn das hilft, kann es die Hand wie eine Röhre vor den Mund halten und sich etwas zum Aufblasen vorstellen, etwa einen Luftballon oder eine Papiertüte.
2. Wenn es auszuatmen beginnt, können Sie anfangen, langsam laut zu zählen – oder das Kind kann still für sich zählen: 1 ... 2 ... 3 ... 4 ... 5 ... und so weiter.
3. Machen Sie das langsam und gleichmäßig, denn wenn Sie die Zahlen nur herunterrattern, wird das Ihr Kind irritieren.
4. Bitten Sie es nun, mit der Aufmerksamkeit beim Atem zu bleiben und keinen anderen Gedanken zu erlauben, sich dazwischenzudrängen.
5. Wenn Ihrem Kind die Puste ausgeht, notieren Sie die erreichte Zahl. Wie viele Sekunden konnte es die Ausatmung ausdehnen?
6. Dann bitten Sie das Kind, das Ganze zu wiederholen. Einatmen und dann lang und langsam wieder ausatmen. Und Sie können wieder zu zählen beginnen.
7. Bei der zweiten Runde ist das Ziel, die beim letzten Atemzug erreichte Sekundenzahl zu übertreffen.
8. Wenn dem Kind die Puste ausgeht, können Sie wieder die Länge der Ausatmung notieren. Dabei können Sie einen Kommentar abgeben und etwa sagen: *„Das war ein bisschen länger, nicht wahr? Beim ersten Mal bist du bis acht gekommen, und jetzt konntest du ausatmen, bis du bei zehn angekommen warst.“*
9. Und noch einmal wiederholen Sie diesen Prozess: *„Wir schauen mal, wie weit wir beim dritten Mal kommen, einverstanden?“*

Um das Erreichen höherer Zahlen zu erleichtern, können Sie zwei hilfreiche Dinge tun:

1. Wenn Ihr Kind Sie eine Zahl sagen hört, fordern Sie es auf, sie gleichzeitig auch zu *sehen: „Ich frage mich, welche Farbe deine Zahlen haben werden und wie groß sie sein werden."*
2. Fordern Sie es auf, aus dem Fenster zu schauen und sich einen Gegenstand in der Ferne auszusuchen. Dann soll es sich vorstellen, lang und langsam auszuatmen, bis es das Gefühl hat, sein Atem sei dort angekommen.

6.2 Achtsamkeit leicht gemacht

Wir hören oft, dass „Leben im Augenblick" oder „Achtsamkeit" Stress reduzieren und die Qualität unseres Lebens erheblich verbessern können – und es ist auch eine ausgezeichnete Möglichkeit, die Angstgefühle Ihres Kindes zu verringern. Kinder mit psychischen Problemen können davon profitieren, dass sie Achtsamkeitsübungen erlernen, aber eigentlich gilt das für alle. Ich sehe mit Freude, dass Achtsamkeitsübungen inzwischen für viele Kinder zum Schulalltag gehören.

Kinder sind heute nur noch selten still und ruhig, da sie fortwährend von außerschulischen Aktivitäten und mobilen elektronischen Geräten stimuliert werden, die rund um die Uhr Unterhaltung anbieten, von ihrem Vorrat an Adrenalin treibenden Computerspielen ganz zu schweigen. Es ist keine Überraschung, dass es für sie schwerer wird, ihre Emotionen zu zügeln und zu überlegen, ehe sie handeln. In einen Zustand völliger Stille, in Frieden und Ruhe zu kommen, das schaffen die meisten Kinder nicht.

Das Konzept der Achtsamkeit beruht auf der Philosophie des Buddhismus und ist eine bewusst gewählte Daseinsweise. Die Forschung hat gezeigt, dass Menschen, die die Kunst der Wahrnehmung praktizieren – also aufmerksam alle Einzelheiten eines jeden Moments beobachten –, von einem geringeren Stresslevel berichten und sich glücklicher fühlen. Das ist sicherlich ein Gewinn, und mit ein bisschen Übung können auch Sie beginnen, Ihr Leben achtsam zu leben, und Ihr Kind dazu ermuntern, das ebenfalls zu tun.

Häufig springen unsere Gedanken zwischen der Vergangenheit (Dingen, die bis vor fünf Minuten passiert sind) und der Zukunft (Dingen, die Sie vorhaben) hin und her. Dabei können Sie „den Augenblick" fortwährend verpassen und durch Ihr Leben stolpern, ohne jemals dazu zu kommen, seine guten Seiten zu genießen.

Wie vielen von uns entgeht alle Weihnachtsfreude, weil uns der Gedanke an die Kreditkartenrechnung stresst, die wir im Januar bekommen werden?

Und das passiert nicht nur Erwachsenen – haben Sie je Ihr Kind zum Geburtstagsfest eines Freundes gebracht und beobachtet, dass sich die Kinder, statt sich an Spiel und Spaß zu freuen, Sorgen gemacht haben, ob ihre Jacke an der Garderobe auch sicher aufgehoben sei, was es später zu essen geben würde und ob sie am Ende des Fests auch rechtzeitig abgeholt würden?

Zwar beruhen die meisten Studien über Achtsamkeit auf Untersuchungen an Erwachsenen, aber frühe Forschungsarbeiten legen nahe, dass Kinder in ganz ähnlicher Weise davon profitieren können:

- Sie fühlen sich ruhiger und zufriedener;
- verstehen sich besser mit anderen;
- können sich besser konzentrieren und zeigen bessere schulische Leistungen;
- können besser mit Stress und Angst umgehen;
- treten in Bereichen wie Sport, Musik und Theater sicherer auf.

Doch trotz der Tatsache, dass Achtsamkeit so populär geworden und allem Anschein nach ein Allheilmittel ist, ist sie nicht immer leicht zu praktizieren. Wenn man sich gestresst und voller Angst fühlt und einem tausend Gedanken durch den Kopf schwirren, dann kann einen die Aufforderung, sich still hinzusetzen und den Geist leer werden zu lassen, richtig ärgern und erst recht verrückt machen.

Ich gebe Ihnen jetzt ein paar Achtsamkeitsübungen an die Hand, die Sie in Ihren Alltag integrieren können und die die gleichen positiven Wirkungen haben werden, ohne dass sie speziell als Achtsamkeitspraxis klassifiziert würden.

ÜBUNG: Achtsamkeit in Aktion

Machen Sie mit Ihrem Kind einen Spaziergang und beginnen Sie unterwegs, alles zu beschreiben, was Sie sehen, sodass daraus ein fortlaufender Kommentar entsteht:

- *Die Blätter an den Bäumen sind sehr grün.*
- *Auf der anderen Straßenseite rennt ein brauner Hund.*
- *Der Lastwagen dort hat große, schwarze Räder und einen lauten Motor.*
- *Heute scheint die Sonne ganz hell, und am Himmel ziehen Wolken.*
- *Ich spüre einen warmen Wind im Gesicht, spürst du ihn auch?*
- *Ich höre den Kies unter unseren Füßen knirschen, während wir den Weg entlanggehen.*

Diese Technik können Sie auch bei einfachen Tätigkeiten zu Hause anwenden, wie etwa das Händewaschen:

- *Ich sehe, dass du das warme Wasser aufdrehst und jetzt auch ein bisschen kaltes Wasser beimischst.*
- *Die Seife ist knallgrün – ich frage mich, ob sie sich kalt anfühlt.*
- *Jetzt drückst du ein bisschen Seife in die linke Hand und reibst sie dann gegen die rechte Hand.*
- *Sie sieht glitschig aus, und ich sehe, dass du damit eine Menge Blasen machst.*
- *Ich höre, wie das Wasser in den Abfluss hinuntergurgelt – das ist ein lustiges Geräusch, nicht wahr?*
- *Hat die Seife einen angenehmen Duft? Ich glaube, sie riecht nach Apfel, oder?*
- *Du drehst mit der linken Hand den Warmwasserhahn zu und jetzt auch den Hahn für das kalte Wasser.*
- *Jetzt trocknest du dir mit dem blau gestreiften Handtuch die Hände ab. Es fühlt sich weich an.*

Bitte beachten Sie, dass ich so viele Sinne wie möglich einbezogen habe. Denken Sie daran, sich zu überlegen, was Ihr Kind sehen, hören, spüren, riechen und sogar schmecken kann. Das ist auch eine hervorragende Übung beim Essen. Denken Sie dabei nicht nur an den Geschmack des Essens, sondern auch an sein Aussehen, die kräftigen Farben, die Textur, das Geräusch beim Zerbeißen und natürlich auch den Geruch.

Am Anfang kann sich das ziemlich merkwürdig anfühlen, aber wenn Sie einen solchen fortlaufenden Kommentar abgeben, dann regt das Ihr Kind dazu an, in der Gegenwart zu bleiben, seine Gedanken zu beruhigen und es aus unnötigen Sorgen und jeglichem Grübeln herauszuholen. Besonders günstig ist es, dieses Vorgehen in die abendliche Routine beim Schlafengehen einzubauen – vielleicht im Bad –, wo sorgenvolle Gedanken über den nächsten Schultag auftauchen können.

ÜBUNG: Das Achtsamkeitsglas

Basteln Sie ein „Achtsamkeitsglas“ und bitten Sie Ihr Kind, dafür ein leeres Schraubglas (je größer, desto besser) bis fast an den Rand mit Wasser zu füllen, dann eine Portion Glitter hineinzukippen und anschließend den Deckel fest zuzudrehen. Im nächsten Schritt wird das Glas heftig geschüttelt, damit die Glitterpartikel sich verteilen. Dann bitten Sie Ihr Kind, sich still hinzusetzen und zuzuschauen, wie der Glitter herumwirbelt und sich dann mit der Zeit absetzt. Es kann dabei zählen, wie lange das dauert – oder eine Stoppuhr benutzen oder die benötigte Zeit in ein Notizbuch eintragen. Wird die Zeit dokumentiert, ist es interessanter – werden die Teilchen beim nächsten Mal länger brauchen, bis sie still liegen, oder wird es schneller gehen?

Diese Übung kann auch als Aufgabe für eine Auszeit benutzt werden – das ist viel besser, als ein Kind in die Ecke zu stellen oder sonst irgendwie zu bestrafen. Ich halte es auch für wichtig, dass Sie am Anfang Ihr Kind dazu auffordern, das Wasser einlaufen zu lassen, den Glitter hineinzugeben, den Deckel zuzudrehen und die Partikel durcheinanderzuschütteln. Denn das stellt einen Zwischenschritt von der Aktivität zur Ruhe dar und macht es ihm leichter, still zu sitzen und sich zu fokussieren.

ÜBUNG: Die imaginäre Kamera

Ermutigen Sie Ihr Kind dazu, auf das zu achten, was in seiner Umgebung geschieht, und aktiv „Erinnerungen zu erzeugen“, indem es sich vorstellt, es hätte eine Kamera im Kopf, die imaginäre Schnappschüsse macht. Dadurch kann es alles Gute unmittelbar wahrnehmen – die Grimassen, die sein bester Freund gerade schneidet, eine wunderschöne Geburtstagstorte, eine tolle Dekoration und so weiter. Dazu können Sie anregen, indem Sie einfach sagen: *„Schau dich mal im Zimmer um und sag mir, was du fotografieren würdest, wenn du einen Fotoapparat hättest.“* Finden Sie heraus, welche Momente Ihr Kind aufnehmen würde und warum.

6.3 Das Montessori-Schweigespiel

Dieses „Schweigespiel" habe ich den Kindern in der Montessori-Schule, die ich einmal geführt habe, immer beigebracht, und es war erstaunlich zu beobachten, wie Kinder, von denen manche erst drei Jahren alt waren, sich für die Idee begeistert haben, einen Zustand völliger Stille und Ruhe zu erreichen. Dr. Maria Montessori sah die Vorteile des Schweigespiels nicht einfach im Verschwinden des Lärms, sondern eher darin, dass es etwas sehr Spezielles entstehen lässt. Es begünstigt die Fantasie von Kindern, wenn sie Freiraum zum Denken haben, und es ermöglicht ihnen, ihre kreativen Talente zu entwickeln. Die entspannende Wirkung dieser Übung senkt auch das Angstniveau.

Zu lernen, wie man mit der Kraft des Geistes den Körper kontrollieren kann, ist auch der erste Schritt zur Verringerung von impulsivem Verhalten, da Kinder dabei ein höheres Maß an Gewahrsein dafür entwickeln, was um sie herum vorgeht. Es trägt dazu bei, dass weniger geschubst, gedrängelt und geschrien wird, anderen seltener Spielsachen weggenommen werden und es weniger Ungeduld gibt. Es führt zu einer Integration des ganzen Wesens – zur Herrschaft des Geistes über den Körper, und es stärkt den Willen des Kindes, diesen Zustand in sich zu erzeugen. Ich empfehle Ihnen, das Schweigespiel regelmäßig mit Ihrem Nachwuchs zu spielen und auch gleich noch ein paar Freunde zum Mitmachen zu animieren, denn diese Übung wirkt umso stärker, je mehr Kinder daran beteiligt sind.

ÜBUNG: Das Schweigespiel

1. Sagen Sie den Kindern, sie sollen sich in einem großen Kreis auf den Boden setzen.
2. Vergewissern Sie sich, dass sie eine bequeme Haltung einnehmen – ohne einander zu berühren und mit viel Platz zwischen den einzelnen.
3. Erklären Sie ihnen, dass Sie alle zusammen ein Spiel machen werden, das darin besteht, sich überhaupt nicht zu bewegen! Alle Kinder sollen ganz, ganz leise sein und ganz stillhalten. Ihr Körper soll von oben bis unten still und reglos sein.
4. Sie setzen Ihre Stimme dafür ein, die Kinder zu völliger Stille und Ruhe zu führen, dämpfen Sie sie daher entsprechend, damit sie entspannend wirkt. Sprechen Sie langsam, und machen Sie zwischen den einzelnen Anweisungen lange Pausen für die Kinder, die etwas langsamer sind und sonst nicht mitkommen. Gegen Ende können Sie sogar anfangen, Ihre Anweisungen zu flüstern, um zu unterstreichen, dass es leiser und leiser wird.

Beginnen Sie die Übung, indem Sie sagen:

- *Halten wir die Füße einmal ganz still, sodass selbst unsere Zehen still halten.*
- *Pause – warten Sie, bis alle so weit sind.*
- *Jetzt halten wir unsere Beine ganz still.*
- *Jetzt halten wir unseren Rumpf ganz still.*
- *Als Nächstes halten wir unsere Arme ganz, ganz still.*
- *Friedlich und ruhig.*
- *Als Nächstes halten wir unsere Hände ganz still, sogar unsere Finger werden ganz reglos.*
- *Jetzt hält unser Kopf ganz still.*
- *Unser Mund und unsere Augen halten ganz still.*
- *Wir schließen die Augen, damit sogar unsere Lider ganz still werden.*
- *Alles friedlich und ruhig.*

Wenn es vorher in der Umgebung recht laut und ausgelassen zuging, wird der Klang dieses Schweigens und das Gefühl einer tiefen Stille im Raum für die Kinder wirklich faszinierend und aufregend sein. Sie können sagen:

- *Wisst ihr, was gerade geschehen ist?*
- Dann beantworten Sie Ihre Frage selbst mit: *Wir haben ein Schweigen erzeugt.*

Die Länge dieses Spiels kann nach und nach ausgedehnt werden, wenn die Kinder mehr Übung darin haben, sich völlig still zu verhalten.

Vertrauen Sie darauf, dass mit der Zeit alle bei dem Spiel mitmachen werden. Anfangs stellen Sie vielleicht fest, dass ein Kind Spaß daran hat, sich vor der Gruppe zu produzieren und seine Abwehr auszuagieren. Sagen Sie nichts, denn das würde die Stille unterbrechen. Lächeln Sie einfach und erlauben Sie dem Geräusch Ihrer Atmung, die Atmosphäre zu beruhigen und zu entspannen.

Wenn die Kinder erst einmal Erfahrung darin haben, Schweigen eintreten zu lassen, können Sie zur nächsten Stufe weitergehen: auf Geräusche horchen. Wenn es still geworden ist, können Sie sagen:

- *Jetzt können wir beginnen zu horchen.*

Nach etwa zwei Minuten Stille können Sie der Reihe nach die ganze Gruppe durchgehen und jedes Kind einzeln fragen, was es während des Schweigespiels gehört hat. Eines hat vielleicht Atemgeräusche gehört, ein anderes hat eine Uhr ticken gehört, wieder ein anderes einen Vogel, der draußen gezwitschert hat, oder einen vorbeifahrenden Zug.

Wenn Sie dieses Spiel normalerweise im Haus machen, können Sie es auch dadurch erweitern, dass Sie sagen:

- *Ich frage mich, was wohl passieren würde, wenn wir dieses Spiel im Freien machen würden. Welche Geräusche würden wir dann hören?*

Und beim nächsten Mal können Sie dann nach draußen gehen, um das Spiel ein weiteres Mal zu machen.

7. Psychosensorische Therapien

Psychosensorische Therapien sind die jüngste und neueste Art von psychotherapeutischen Werkzeugen. Die Neurowissenschaften haben sich in den letzten zehn Jahren erheblich weiterentwickelt, und man versteht inzwischen viel besser, wie Angst und Trauma in unserem Körper codiert oder gespeichert werden. Emotionen, Erinnerungen und Erfahrungen können über die Sinneseindrücke gespeichert werden – deshalb kann auch der Duft eines Parfums oder eines selbst gebackenen Apfelkuchens eine emotionale Reaktion auslösen und sogar zu Tränen führen, je nachdem, in welchem Zusammenhang er steht oder welche Bedeutung er für Sie hat.

So ist es etwa nicht ungewöhnlich, dass es Menschen nach einer Rückenmassage zum Weinen zumute ist oder dass sie eine emotionale Entlastung empfinden. Der Druck, der auf eine schmerzende Schulter ausgeübt wird, setzt auch Emotionen frei, die die Muskelverspannung verursacht haben – sei es ein Trauma, wie ein Autounfall, oder eine seelische Spannung wie Traurigkeit, Frustration oder Ärger.

Das ist auch der Grund, warum die traditionelleren Therapien auf Gesprächsbasis nicht immer so gut helfen, wenn es um Probleme wie eine Posttraumatische Belastungsstörung (PTBS) geht. Manchmal kommt man dem Problem mit der Methode „es tut gut, darüber zu reden" nicht wirksam bei.

Die geläufigsten Formen psychosensorischer Therapie sind:

- EMDR (Eye Movement Desensitization and Reprocessing; dt. Desensibilisierung und Verarbeitung durch Augenbewegung)
- TFT (Thought Field Therapy; dt. Gedankenfeldtherapie)
- EFT (Emotional Freedom Technique; dt. Technik der Emotionalen Freiheit)
- Havening Techniques (von „haven", „Hafen", abgeleitet, etwa: „jemanden an einen sicheren Ort bringen")

Diese neuen Behandlungsmethoden können „inhaltsfrei" angewandt werden, das heißt, es ist nicht notwendig, über die belastenden Ereignisse zu sprechen, da es sich nicht um eine Therapiemethode handelt, die mit Gesprächen arbeitet. Erforderlich ist nur, dass man an das unangenehme Ereignis denkt und gleichzeitig eine Reihe von „sensorischen Reizen" erfährt. Das kann rhythmisches Klopfen sein, ein Streichen von Armen und Gesicht, eine schnelle Folge von seitlichen Augenbewegungen, Summen oder lautes Zählen. Wenn man Sinnesreize auf diese Weise einsetzt, kann das helfen, die Emotion von der Erinnerung abzukoppeln, sodass die Person sich zwar immer noch an das Ereignis erinnern kann (zum Beispiel, dass sie einmal von einem Hund gebissen wurde), aber die Angst- und Panikgefühle werden verschwunden sein.

Ich habe diese Techniken ganz besonders hilfreich gefunden, wenn ich Kindern geholfen habe, mit Episoden von Mobbing in der Schule oder auf dem Smartphone fertigzuwerden. Einige Wochen oder Monate nach entsprechenden Vorfällen ist es nicht immer sinnvoll, sich ständig im Kreis zu drehen und über die Vergangenheit zu reden, daher kann eine psychosensorische Therapie angebrachter und hilfreicher sein.

Manche werden behaupten, der Grund für den Erfolg dieser Therapien beruhe auf einem „Placeboeffekt", aber ich habe schon mit Kindern gearbeitet, die erst drei oder vier Jahre alt waren. Ihnen hätte ich natürlich niemals erklärt, dass die Techniken, die wir gleich anwenden würden, ihnen ihre Angstgefühle nehmen sollen – wir haben uns einfach unterhalten und „ein Spiel" gemacht.

Aber wie dem auch sei: Ich meine, wenn jemand durch einen Placeboeffekt eine Besserung erzielt hat, ist das auf alle Fälle ein Gewinn, und ich würde nicht allzu viel Zeit darauf verwenden, die Gründe für den Erfolg auseinanderzunehmen. Vielmehr ist es an der Zeit, die Gunst der Stunde und die Möglichkeiten zu nutzen, die man durch die Therapie gewonnen hat, und den nächsten Schritt zu machen – auf der Stelle!

Ich werde hier zwei psychosensorische Therapien vorstellen: TFT und Havening. Ich habe in beiden eine Ausbildung gemacht und habe den Eindruck, dass sie sehr wirksam sind. Sie tilgen nicht nur Gefühle von Furcht und Angst, sondern sind auch ein hilfreiches Mittel für eine einfache Entspannung und das abendliche Einschlafen.

Beide Methoden funktionieren auf ähnliche Weise, aber wenn ich die Wahl hätte, würde ich eher das TFT-Klopfen anwenden, um Angst und Stress in Situationen zu bannen, in denen ich dennoch fokussiert und konzentrationsfähig sein möchte, zum Beispiel bei einer Prüfung oder bei einem Bühnenauftritt. Havening würde ich nutzen, wenn ich weniger Angst und zugleich ein größeres Gefühl von Entspannung und Wohligkeit haben wollte. Ich habe festgestellt, dass Havening sehr, sehr entspannend ist. Ich empfehle Ihnen, beide Techniken an sich selbst auszuprobieren, ehe Sie sie bei Ihrem Kind anwenden, damit Sie sehen, was ich meine.

Hinweis: Die Anweisungen, die ich Ihnen hier gebe, sind für eine Erleichterung bei Angstsymptomen und zur Selbstberuhigung gedacht. Für die Behandlung komplizierterer Traumata und tief sitzender emotionaler Probleme rate ich Ihnen, qualifizierte professionelle Hilfe zu suchen.

Sie werden auf YouTube zahlreiche Videos finden, die Ihnen zeigen, wie diese Techniken anzuwenden sind, wenn Sie sie gerne ausführlicher demonstriert haben möchten.

7.1 Thought Field Therapy – die Klopftechnik

Dr. Roger Callahan, ein herausragender amerikanischer Psychologe, hat die Thought Field Therapy (TFT) in den 1980er-Jahren entwickelt, um Menschen zu helfen, mit den verschiedensten negativen Emotionen fertigzuwerden. Er hat entdeckt, dass das Klopfen einer ganz bestimmten Abfolge von Akupunkturpunkten dann, wenn gleichzeitig an das Problem gedacht wird (das heißt, wenn die mit dem Problem assoziierten gedanklichen Prozesse und Erinnerungen aktiviert werden), der damit verbundene Angst- und Stresspegel rasch gesenkt werden kann.

Diese Klopftechnik ist ideal für die Behandlung von Stress- und Angstgefühlen, Motivationsmangel oder fehlendem Selbstbewusstsein. Sie können entweder Ihrem Kind beibringen, diese Technik selbst anzuwenden, oder es damit behandeln. Wenn meine Tochter abends nicht einschlafen konnte, rief sie mich oft an ihr Bett und wollte, dass ich sie „klopfte". Normalerweise brauchte es nur wenige Runden der Klopfsequenz, die man auch als „Algorithmus" bezeichnet, damit sie friedlich einschlummerte.

Üblicherweise wird anfangs erst einmal ein „Status" mit irgendeiner Art von Messinstrument erhoben – vergleiche das Beispiel in Kapitel 5. Wenn Sie diese Technik einfach zur Entspannung oder als Einschlafhilfe benutzen oder ihre Anwendung erst erlernen, ist das nicht nötig. Es ist nur nützlich, wenn Sie verfolgen wollen, wie der Angstpegel als Reaktion auf etwas bereits Eingetretenes oder noch Bevorstehendes sinkt.

Sie können eine Einstufung am Anfang vornehmen, dann nach dem Klopfen des Gesichts, dann noch einmal am Ende. Aber das ist nicht immer notwendig, und vielleicht möchten Sie auch einfach die Technik ausführen und Ihr Kind auf möglichst einfache Weise beruhigen.

Schauen Sie sich die Abbildung 2 an, um die richtigen Punkte zu finden, die Sie klopfen sollen.

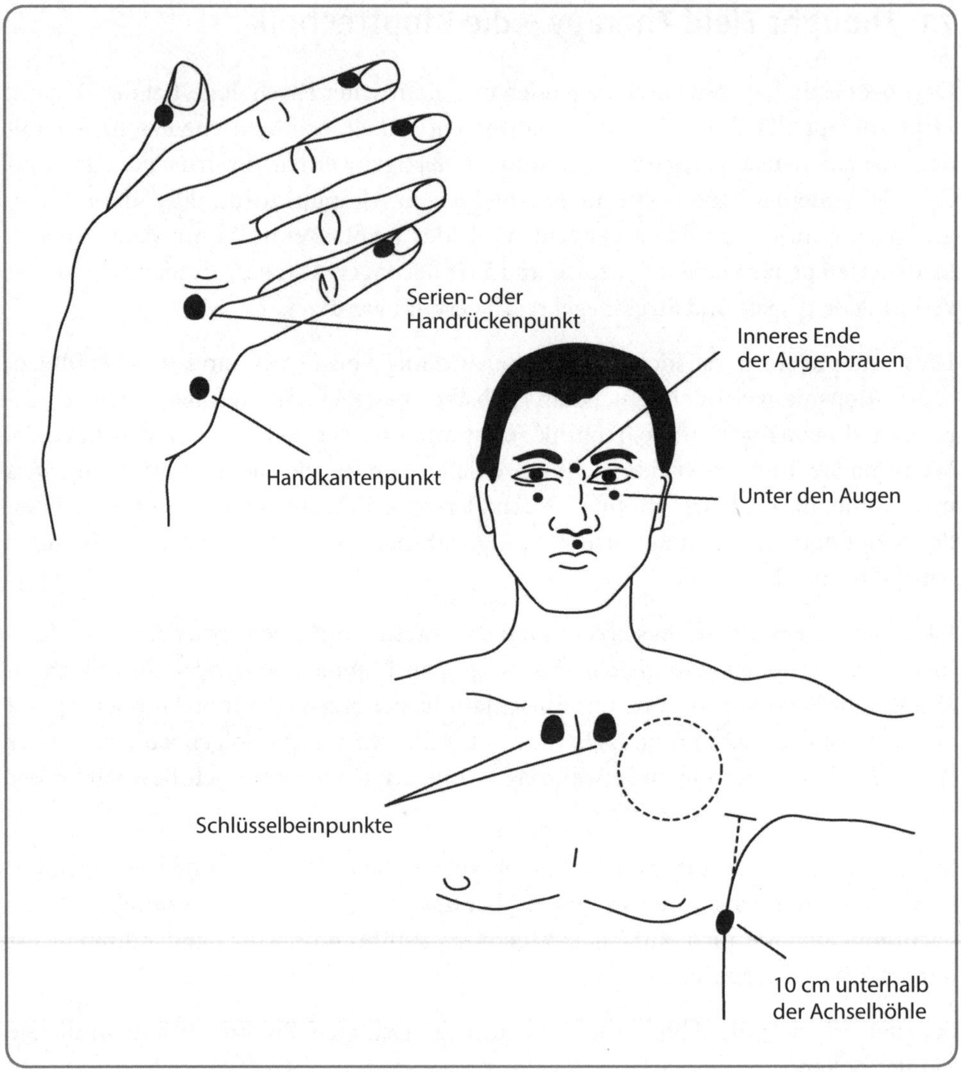

Abbildung 2: Akupunkturpunkte

ÜBUNG: TFT-Klopftechnik

Klopfen Sie mit zwei Fingern Ihrer dominanten Hand auf die folgenden Punkte:

1. Fünfmal zwischen den Augenbrauen.
2. Fünfmal in der Mitte unter den Augen.
3. Fünfmal unter dem Arm *(etwa 10 cm unterhalb der Achselhöhle).*
4. Fünfmal unter dem Schlüsselbein *(suchen Sie dabei die kleine Vertiefung direkt links und rechts des Brustbeins).*
5. Machen Sie eine Pause. Nehmen Sie eine Einstufung auf Ihrer Messskala vor, wenn Sie eine benutzen.
6. Lokalisieren Sie die kleine Vertiefung an der Handkante direkt hinter dem Grundgelenk des kleinen Fingers (Handkantenpunkt). Klopfen Sie hier, halten Sie den Kopf ganz still, schauen Sie geradeaus und befolgen Sie folgende Anweisungen, während Sie die ganze Zeit weiterklopfen:
   - Öffnen Sie die Augen,
   - schließen Sie die Augen,
   - schauen Sie mit offenen Augen nach links unten,
   - schauen Sie mit offenen Augen nach rechts unten,
   - kreisen Sie einmal mit den Augen in die eine Richtung,
   - kreisen Sie einmal mit den Augen in die andere Richtung,
   - summen Sie laut ein paar Takte einer beliebigen Melodie,
   - zählen Sie laut von eins bis fünf,
   - summen Sie die Melodie noch einmal.
7. Wiederholen Sie diesen Vorgang noch einmal mit der ersten Folge von Klopfpunkten.
8. Sobald Sie mit der eingetretenen Veränderung zufrieden sind, rollen Sie die Augen einmal vom Boden zur Decke *(halten Sie dabei den Kopf gerade, blicken Sie zunächst nach unten und klopfen Sie den Serien- oder Handrückenpunkt, während Sie die Augen langsam zur Decke hinauf wandern lassen).*

Wenn Sie noch eine weitergehende Erleichterung brauchen, wiederholen Sie einfach diese Übung, bis Sie das Gefühl haben, Sie hätten die unerwünschten Gefühle völlig getilgt.

Ich empfehle, diese Technik jeden Morgen und jeden Abend vor dem Zubettgehen anzuwenden. Sagen Sie Ihrem Kind, es solle sie vor einem Spiegel ausführen. Je häufiger die Technik benutzt wird, desto stärker und schneller wird die Wirkung einsetzen, und sollten Sie sie in einer „Notfallsituation" brauchen, etwa wenn Ihr Kind beim Anblick einer Wespe, einer Spinne oder eines Hundes erschrickt, dann wissen Sie genau, was zu tun ist, ohne lange überlegen zu müssen, wie das noch mal genau ging.

Affirmationen klopfen

Wenn Sie das Klopfen mit Affirmationen kombinieren, werden Sie damit eine noch stärkere Wirkung erzielen – erinnern Sie sich bitte an meine Ausführungen dazu, dass sich die Worte, die wir sagen und im Stillen denken, auf unseren Geist auswirken.

Wir verheddern uns sehr leicht in einem negativen inneren Dialog, und selbst wenn Sie noch so sehr von dem positiven Gefühl erfüllt sind, Sie könnten losgehen und Ihre Prüfung mit Bestnoten bestehen, schleichen sich doch oft klammheimlich wieder quälende Befürchtungen durch die Hintertür ein.

Klopfen Sie dann zunächst den Handkantenpunkt und sagen Sie laut die gleich folgenden Sätze. Ich mag diese Abfolge von Worten, weil sie ganz allmählich zum Erfolg hinführt und es Ihrem Kopf dadurch schwerer macht, Ihnen mit „ja, aber" zu kommen.

Füllen Sie die Lücken mit den für Sie passendsten Formulierungen:

- Ich möchte …
- Ich kann …
- Ich werde …
- Ich bin (oder ich *[entsprechendes Verb einsetzen]*) …

Geeignete Ergänzungen könnten etwa sein:

- … mich ruhig und entspannt fühlen.
- … mühelos einschlafen.
- … alle Wörter richtig schreiben.
- … bei der Prüfung eine Eins bekommen.
- … entspannt bleiben, wenn ich eine Spinne sehe.
- … selbstbewusst den Mund aufmachen.
- … mich glücklich und selbstsicher fühlen.

Klopfen als Erste Hilfe

Die folgende abgekürzte Version der Klopftechnik wird Ihnen unschätzbare Dienste leisten, wenn Sie etwas als Erste Hilfe brauchen – etwa wenn Ihr Kind bei einem Zahnarztbesuch oder dann, wenn es eine Spritze bekommen soll, in Panik gerät. Die ganze Sequenz an einem öffentlichen Ort zu durchlaufen ist vielleicht nicht so angenehm.

Die Abkürzung sieht folgendermaßen aus:

- Klopfen Sie zehnmal mittig unter den Augen.
- Klopfen Sie zehnmal den Handkantenpunkt.

Wiederholen Sie das so oft wie nötig. Ich habe diese Technik schon vielen Kindern beigebracht, die es hilfreich fanden, diese Punkte während einer Prüfung zu klopfen.

TIPP: Wenn Sie das nächste Mal in einem Verkehrsstau feststecken, dann klopfen Sie sanft die Handkanten, während Sie das Lenkrad halten. Sie werden feststellen, dass sich so das Gefühl der Frustration verringern lässt – leider löst sich der Stau selbst dadurch nicht schneller auf und Sie kommen auch nicht schneller ans Ziel, aber Sie werden sich bei der Ankunft erheblich weniger gestresst fühlen!

7.2 Havening

Dr. Ronald Ruden ist der Urheber einer Methode namens „The Havening Techniques". Im Lauf der letzten 30 Jahre hat er die Fortschritte in den Neurowissenschaften in neue Heilmethoden umgesetzt. In seinem Buch *When the Past Is Always Present* (2010, dt. *Wenn Vergangenes nicht vergeht,* 2012) zeigt er, wie das Havening, das mit sensorischen Reizen arbeitet (Berührung), automatische Angstreaktionen im Gehirn neutralisieren kann.

Sein Zwillingsbruder, Dr. Steven Ruden, hat in den letzten zehn Jahren mit ihm zusammengearbeitet und die Therapie mit Havening Techniques gewinnt allmählich größere Anerkennung, seit am King's College in London Studien dazu durchgeführt wurden.[3]

Die Technik, die ich hier beschreiben werde, können Sie als Mittel der Beruhigung und des Trostes bei Ihrem Kind anwenden. Wenn es ein schwerwiegendes Trauma erlitten hat oder an einer psychischen Störung leidet, empfehle ich Ihnen, dass Sie die professionelle Hilfe einer qualifizierten Fachfrau oder eines qualifizierten Fachmanns in Anspruch nehmen, die Ihnen bei der Durcharbeitung des Problems helfen.

Wie schon an anderer Stelle erwähnt, können Sie, wenn Sie gerne zusätzliche Anleitung möchten, auf YouTube Videos finden, in denen demonstriert wird, wie man diese Technik anwendet. Besonders empfehlen möchte ich Ihnen die Videos mit Paul McKenna.

Während Sie Ihr Kind mit Sinnesreizen – in Form von Streichen und Berühren – stimulieren, bitten Sie es, sich gleichzeitig ein Bild von sich selbst bei einer einfachen Aktivität vorzustellen. Im folgenden Beispiel habe ich *einen Spaziergang an einem*

3 Vgl. ↗ https://www.kcl.ac.uk/kcmhr/publications/assetfiles/2015/Thandi2015b.pdf.

Sandstrand, dem Lieblingshaustier den Rücken streicheln und *Trampolinspringen* gewählt. Sie können aber jede Aktivität nehmen, von der Sie meinen, sie sei für Ihr Kind geeignet – zum Beispiel:

- *Rad fahren,*
- *eine Teigmischung mit einem Holzlöffel in einer Rührschüssel verrühren,*
- *mit einer großen Bürste die Haare bürsten,*
- *durch den Wald gehen,*
- *in einem Schwimmbad auf dem Rücken schwimmen.*

Ich empfehle Ihnen, diese Technik bei sich selbst anzuwenden, ehe Sie sie Ihrem Kind beibringen. Denn dann werden Sie besser verstehen, wie sie funktioniert, und Sie können auch durch die Berührung mit Ihren Händen selbst Entspannungsgefühle erleben.

ÜBUNG: Selbst-Havening

1. Setzen Sie sich hin, kreuzen Sie die Arme über der Brust und gleiten Sie mit den Händen von der Schulter aus an den Außenseiten Ihrer Arme nach unten.
2. Schließen Sie die Augen und stellen Sie sich vor, Sie *gehen an einem Sommertag an einem schönen Sandstrand entlang.* Bei jedem Schritt, den Sie im Sand machen, zählen Sie laut mit, bis Sie bei 20 ankommen.
3. Dann öffnen Sie die Augen, aber streichen weiterhin von oben nach unten über Ihre Arme.
4. Halten Sie den Kopf ganz still und bewegen Sie nur die Augen nach rechts. Dann schauen Sie nach links. Dann wieder nach rechts – dann wieder nach links. Wiederholen Sie diese seitliche Augenbewegung ungefähr zehnmal.
5. Jetzt schließen Sie die Augen wieder und stellen sich vor, Sie *sitzen bei Ihrem Lieblingshaustier und streicheln ihm den Rücken.* Bei jedem langen, langsamen Strich können Sie wieder laut mitzählen, von 1 bis 20. Streichen Sie dabei die ganze Zeit weiter über die Außenseiten Ihrer Arme.
6. Dann öffnen Sie die Augen wieder und wiederholen die Anweisungen in Punkt 4.
7. Nun schließen Sie noch einmal die Augen und stellen sich diesmal vor, Sie *hüpfen auf einem Trampolin.* Bei jedem Sprung zählen Sie laut mit, von 1 bis 20.
8. Öffnen Sie die Augen und hören Sie auf, Ihre Arme zu streichen.
9. Sie haben gerade Ihr Gehirn mit Deltawellen überflutet, die Ihren Serotoninspiegel anheben werden. Die schlechten, unerwünschten Gefühle werden an Intensität verloren haben. Wenn Sie das Gefühl haben, Sie bräuchten noch mehr Erleichterung, dann wiederholen Sie das Verfahren noch einmal.

Weitere Informationen über das Verfahren finden Sie auf der Website
↗ http://www.havening.org.

8. | Visualisierungstechniken

8.1 Über Neurolinguistisches Programmieren (NLP)

In diesem Kapitel mache ich Sie mit den Techniken der geführten Visualisierung bekannt, die man normalerweise mit dem Neurolinguistischen Programmieren assoziiert. Obwohl der Name so kompliziert klingt, ist NLP in Wirklichkeit recht einfach, und seine Prinzipien helfen uns zu verstehen, wie unser Geist funktioniert und wie wahllos aus unserer Umgebung aufgenommene Informationen unsere Gedanken hervorbringen, die ihrerseits unser Verhalten bestimmen.

NLP wurde Anfang der 1970er-Jahre in Kalifornien von Richard Bandler und John Grinder entwickelt und wird heute zunehmend als eine hochwirksame psychologische Methode anerkannt. NLP wird inzwischen vielfach in der Kommunikation, der Wirtschaft, der Persönlichkeitsentwicklung, der Psychotherapie, der Pädagogik und der Medizin angewandt. NLP zu erlernen wird Ihnen ermöglichen, mehr Kontrolle über Ihre Gedanken zu erlangen, und das wird Ihnen helfen, leichter Ihre Gefühlslage und Ihr Verhalten zu ändern.

Ausführlich habe ich über NLP in meinem Buch *Fix Your Life with NLP* geschrieben, das bei Simon & Schuster verlegt wurde. Details dazu finden Sie auf meiner Website.

8.2 Lernen, wie man innere Bilder verändert

Denken Sie an den letzten Horrorfilm zurück, den Sie im Kino oder im Fernsehen angeschaut haben. Es half nichts, dass Sie wussten, dass alles nur erfunden war, oder? Allein schon angsteinflößende Bilder anzuschauen kann Herzklopfen, schweißnasse Hände, Kribbeln in den Händen und Füßen oder ein flaues Gefühl im Magen auslösen. Manche werden sogar laut aufschreien.

Dieser Umstand verrät uns, dass unser „emotionales Gehirn", das limbische System, nicht zwischen einem realen und einem vorgestellten Ereignis unterscheiden kann – der Körper wird auf alles reagieren, was wir sehen und beobachten.

Einer der schnellsten Wege, Angstgefühle im Körper zu verändern, besteht darin, sich sofort die Bilder bewusst zu machen, die die Gedanken begleiten, und auch sie zu verändern. Die folgende Übung können Sie mit Ihrem Kind machen, um ihm zu helfen, das in die Praxis umzusetzen.

ÜBUNG: Die magische TV-Fernbedienung

1. Suchen Sie sich einen ruhigen Platz, um diese Übung durchzuführen. Erklären Sie Ihrem Kind, dass seine Angstgefühle durch angsteinflößende Gedanken in seiner Vorstellung erzeugt werden und dass Sie ihm jetzt beibringen werden, wie es diese Gedanken mithilfe einer magischen TV-Fernbedienung verändern kann.
2. Ich halte es für eine gute Idee, diese Technik mit einem Bild zu üben, das Ihrem Kind keinerlei ungute Gefühle beschert, deshalb bitten Sie es einfach, an seinen besten Freund / seine beste Freundin zu denken – oder an seine Lieblingsfigur im Fernsehen.
3. Jetzt bitten Sie es, Ihnen das Bild zu beschreiben, das es in seiner Vorstellung sieht. Wie sieht dieser Freund / diese Freundin oder diese Figur aus? Wie groß ist er / sie? Welche Haarfarbe hat er / sie? Was für Kleidung trägt er / sie? Und was für Schuhe? Erfragen Sie sämtliche Einzelheiten.
4. Jetzt sagen Sie dem Kind, es solle mithilfe der magischen Fernbedienung dieses Bild langsam verändern, Schritt für Schritt. Beginnen Sie mit den Farben – kann es die Haarfarbe seines besten Freundes / seiner besten Freundin beispielsweise leuchtend grün werden lassen?
5. Und die Kleidung? Könnte es der Figur etwas anderes anziehen – sagen wir Fußballbekleidung oder die Uniform eines Feuerwehrmannes oder etwa einen gestreiften Schlafanzug?
6. Und denken Sie auch an die Schuhe. Würde es Spaß machen, die Person in gelbe Gummistiefel zu stecken oder in Clownsschuhe mit einem Glöckchen an der Spitze? Nehmen Sie sich die Zeit, Vorschläge zu sämtlichen Details zu machen, die verändert werden könnten, damit der Freund / die Freundin oder die Fernsehfigur vollkommen anders aussieht.
7. Kann das Kind im nächsten Schritt alle Farben in diesem Bild strahlend bunt und kräftig machen? Bitten Sie es, dafür im Geiste einen Knopf auf dieser imaginären Fernbedienung zu drücken.
8. Und wie steht es mit den Geräuschen? Könnte das Kind diesen Freund / diese Freundin oder Figur ein Lied singen lassen? Kann es die Lautstärke hochdrehen, um es lauter zu machen? Kann es sie herunterdrehen, damit es leiser wird?
9. Kann es sich vorstellen, wie die Gestalt in seinem Bild im Raum herumhüpft und tanzt, sodass es lachen muss? Und wenn es das täte, kann es sich dann vorstellen, was der / die Betreffende sagen würde? Wäre er / sie sauer? Oder würde er / sie laut lachen?
10. Spielen Sie weiter mit diesem Bild. Lassen Sie Ihr Kind die Farben stark und grell machen und dann so weit abschwächen, dass sie kaum noch sichtbar sind. Es soll die Geräusche lauter drehen und dann die Lautstärke so weit senken, dass sie ganz leise sind. Ein bewegtes Bild kann so still wie eine Statue werden. Fragen Sie nach dem Gesichtsausdruck der Person in dem Bild. Ist sie zufrieden oder sauer, dass Ihr Kind derart mit ihr herumspielt?

11. Dann kann Ihr Sprössling mit einem Knopfdruck auf der Fernbedienung die Person wieder zurückverwandeln und so aussehen lassen, wie es sich gehört. Achten Sie am Schluss auf den Gesichtsausdruck des Freundes / der Freundin oder der Fernsehfigur – ist er / sie froh, wieder so auszusehen wie immer? Oder hat er / sie sich gerne verkleidet und alles Mögliche ausagiert?
12. Kinder finden diese Übung oft sehr amüsant – wenn Ihr Nachwuchs also anfängt zu kichern oder laut herauszulachen, wissen Sie, dass er Zugang zu den Bildern in seinem Kopf hat und sie auch verändern kann.
13. Schließen Sie die Übung damit ab, dass Sie Ihrem Kind sagen, es sei sehr gut darin, in der Vorstellung mit Bildern zu spielen, und diese Fähigkeit werde ihm künftig helfen, wenn es Angst hat.

8.3 Angsteinflößende Bilder verändern

Angstgefühle werden normalerweise von einem angsteinflößenden Bild begleitet und wenn man dieses Bild verändern kann, werden sich auch die Gefühle verändern. Ehe Sie diese Übung durchführen können, müssen Sie Ihrem Kind schon beigebracht haben, wie es die magische Fernbedienung benutzen kann. Die Einzelheiten dazu finden Sie in der letzten Übung.

ÜBUNG: Angsteinflößende Bilder verändern

1. Bitten Sie Ihr Kind, sich ein angsteinflößendes Bild vorzustellen oder an etwas Beängstigendes zu denken und Ihnen zu beschreiben, was es gewählt hat. Vielleicht geht es um ein imaginäres Monster unter dem Bett, das ihm Angst einjagt; oder es handelt sich um etwas Realitätsnäheres wie etwa Bammel davor, am nächsten Tag in die Schule gehen zu müssen, weil ein anderes Kind es häufig hänselt; oder Ihr Kind fürchtet, in einem Rechtschreib- oder Mathetest schlecht abzuschneiden.
2. Bitten Sie das Kind, Ihnen detailliert zu beschreiben, was es fürchtet. Und dann sagen Sie ihm, es sei jetzt Zeit, das Bild zu verändern.
3. Dämpfen Sie die Farben dieser Bilder, damit sie weniger lebhaft sind. Je blasser die Farben, desto besser, also schrauben Sie die Farbigkeit so weit wie möglich herunter.
4. Wenn es irgendeinen Dialog, Musik oder Geräusche gibt, die das Bild begleiten, dann drücken Sie auf den entsprechenden Knopf der Fernbedienung, um die Lautstärke sehr stark zu drosseln.
5. Fahren Sie damit fort, das Bild auf diese Weise immer weiter zu verändern – nehmen Sie alle Farbe heraus, machen Sie es schwarz-weiß und löschen Sie die Tonspur vollständig aus.
6. Als Nächstes lassen Sie es schrumpfen, bis es nur noch ein Punkt ist.
7. Nachdem jetzt nur noch ein Punkt übrig ist, kann Ihr Kind beschließen, was es damit machen will. Es kann den Punkt entweder ganz löschen, indem es auf einen der Knöpfe drückt, oder ein wenig kreativer damit umgehen. Vielleicht will es den Punkt lieber mit den Händen hochheben und aus dem Fenster werfen – weit, weit weg. Ermutigen Sie das Kind, alles mit dem Punkt zu machen, was es gerne möchte, um ihn völlig aus seinen Gedanken zu verbannen.
8. Dann drücken Sie den Aus-Knopf dieser imaginären Fernbedienung. Wenn Sie im Fernsehen ein Programm anschauen würden, das Ihnen nicht gefällt, würden Sie es ja schließlich auch ausschalten, nicht wahr?

Sie können am Schluss Ihr Kind bitten, jetzt ein gutes Bild an die Stelle des vorigen Bildes zu setzen. Was sieht es am liebsten im Fernsehen? Beschwören Sie ein neues Bild herauf, das dem Kind ermöglicht, sich zu entspannen und sich besser zu fühlen.

Hätte es lieber ein Bild von einem Superhelden oder aber von seinem Lieblingshaustier, das es glücklich macht? Oder vielleicht sogar ein Bild von sich selbst bei einer Lieblingsbeschäftigung wie Radfahren oder Fußballspielen – alles, was dafür sorgt, dass es sich sehr, sehr gut und glücklich fühlt.

Hinweis: Eine andere Variante dieser Übung wäre, das Kind zu bitten, ein Bild von seinem beängstigenden Gedanken oder seinem Albtraum zu malen. Dann könnte es die Einzelheiten des Bildes verändern und etwa Monster mit lächelnden Gesichtern ausstatten oder tun, was immer nötig ist, um das Bild in ein freundliches Bild zu verwandeln.

8.4 Die Lautstärke regeln

Wir hören nicht nur ständig Geräusche in unserer Umgebung, sondern auch den ganzen Tag lang Stimmen oder Töne in unserem Inneren. Das nennt man „inneren Dialog" – aber gar nicht wenige Menschen zweifeln daran, dass sie so etwas haben, und wenn Sie nicht sicher sind, wie das bei Ihnen ist, dann fragen Sie sich leise: „Wo ist mein innerer Dialog?" So können Sie ihn lokalisieren.

Es ist hilfreich, sich erstens der Existenz dieser Stimme bewusst zu werden und zweitens die Fähigkeit zu haben, sie zu verändern oder ganz abzustellen. Diese Stimme dient nicht immer unserem Besten – sie trägt dazu bei, dass wir uns Sorgen machen, indem sie uns etwa ständig darauf hinweist, dass wir wahrscheinlich bei all unseren Prüfungen durchfallen; sie sagt uns überflüssigerweise, sooft wir in den Spiegel schauen, wir sähen nicht eben super aus; und wenn wir von Freunden oder Lehrern in der Schule irgendwelche unschönen Kommentare zu hören bekamen, wird unser innerer Dialog sie hinterher noch stundenlang, wenn nicht tagelang, unablässig wiederholen.

Selbst wenn wir Kommentare online lesen, statten wir sie automatisch mit einer Stimme aus und damit auch zugleich mit einer Intonation. Wir geben allem, was wir lesen, unseren ganz persönlichen Drall, deshalb ist es auch nicht ungewöhnlich, dass wir etwa eine SMS bekommen und dabei ihre Bedeutung und ihren Sinn unabsichtlich leicht verzerren:

- *Du hast mir etwas Scheußliches geschrieben …*
- *Nein, ich hab nur einen Scherz gemacht, ich wollte nett sein …*
- *Das hat sich aber überhaupt nicht so angehört …*

Beachten Sie bitte das Wort „angehört" im letzten Satz – denn es geht ja um eine SMS, sodass Sie nur den Klang gehört haben können, den Sie dem Satz selbst verliehen haben.

Wenn Sie Ihrem Kind helfen, seinen eigenen inneren Dialog kennenzulernen und die Fähigkeit zu erwerben, ihn zu verändern, dann verhilft ihm das zu einem wesentlich leichteren Umgang mit verletzenden Kommentaren und mit seinen eigenen negativen Gedanken.

Hinweis: Manche von Ihnen stellen vielleicht infrage, dass ein „Lautstärkeregler" wirklich nötig ist, denn natürlich sollte es auf der magischen TV-Fernbedienung in der letzten Übung auch einen Knopf geben, der den inneren Dialog verändern kann. Ich habe das als separate Übung entwickelt, weil ich glaube, dass es vor allem in den Situationen hilft, in denen nicht so leicht ein Bild verfügbar ist. Haben Sie beispielsweise je ein irritierendes Telefongespräch mit jemandem geführt und hatten hinterher noch eine

Ewigkeit seine Worte im Ohr? Da sie sich nicht unmittelbar, persönlich begegnet sind, haben Sie nichts „gesehen", und deswegen konzentriert sich die Übung ausschließlich auf das Gehörte.

ÜBUNG: Die Lautstärke regeln

Teil 1

1. Machen Sie Ihr Kind auf einige der verschiedenen Schalter aufmerksam, die im Haus zu finden sind – beispielsweise ein Lichtschalter, mit dem man das Licht ein- und ausschalten kann, oder vielleicht ein Dimmer, der sich drehen lässt. Manche Schalter sind Drehscheiben, andere Kippschalter und manche haben Knöpfe, wie auch die Fernbedienung des Fernsehapparats.
2. Bitten Sie Ihr Kind, kurz die Augen zu schließen und sich einmal den Lautstärkeregler genau anzuschauen, der die Töne in seinem Kopf kontrolliert.
3. Welche Farbe hat er? Und welche Form – ist er rund, quadratisch oder länglich?
4. Hat er eine Drehscheibe oder einen Knopf, einen Gleitregler oder eine digitale Steuerung?
5. Kann Ihr Kind sehen, wie er eingestellt ist? Hat er Zahlen von eins bis zehn oder noch höher? Oder steht da in Worten „leise, mittel, laut"?
6. Bitten Sie Ihr Kind jetzt, die Augen zu öffnen, und ermuntern Sie es dazu, ein Bild von diesem Lautstärkeregler zu malen, damit es ein richtig gutes Gefühl dafür bekommt, wie er aussieht. Kleinere Kinder können Ihnen den Regler schildern, damit Sie ihn zeichnen können – und ältere Kinder (Teenager) können ihn auch in Form von Notizen beschreiben, wenn sie das lieber wollen, und die Information vielleicht auf ihrem Mobiltelefon speichern.

Hinweis: Wenn Ihr Kind Mühe hat, sich einen Lautstärkeregler vorzustellen, dann können Sie ihm auf die Sprünge helfen, indem Sie sagen: „Wenn du einen hättest, wie würde er denn dann wohl aussehen?" oder „Wenn du dir jeden Lautstärkeregler aussuchen könntest, den du gerne hättest, welcher würde dann deiner Meinung nach am besten funktionieren?"

Teil 2

1. Erklären Sie Ihrem Kind, da es nun ein gutes Gefühl dafür hat, wie sein Lautstärkeregler aussieht, dass es ihn jetzt ausprobieren und damit herumspielen kann.
2. Bitten Sie es, sich vorzustellen, in seinem Kopf würde leise ein Lied gespielt – das könnte „Happy Birthday" oder die Titelmelodie seines Lieblingsprogramms im Fernsehen oder irgendein anderes Lied sein, das es gerne mag.
3. Wenn es das Lied hört, bitten Sie es, es ein bisschen lauter zu stellen. Und noch lauter. Machen Sie eine Pause, um ihm Zeit zu geben, das zu tun, und sagen Sie ihm, es solle darauf achten, was es mit seinem ganz speziellen Regler machen muss, um die Lautstärke zu verändern.

4. Jetzt kann es die Lautstärke verringern, sodass das Lied etwas leiser wird. Und dann noch leiser – so leise, dass es am Ende nur noch ein Flüstern ist.
5. Und dann soll es die Lautstärke wieder hochdrehen. Ein bisschen lauter – und noch ein bisschen lauter. Noch lauter ... und wie wäre es, das Lied ganz, ganz laut zu drehen? So laut, dass es, würde es tatsächlich in einer solchen Lautstärke zu Hause gespielt, wahrscheinlich die Nachbarn hören würden, der Hund würde anfangen zu bellen und das Baby würde anfangen zu schreien! (Fügen Sie noch eigene Details hinzu, damit es lustig klingt.)
6. Und jetzt kann es die Lautstärke auf ein annehmbares Niveau herunterdrehen – und das Lied dann ganz abstellen.
7. Lassen Sie das Kind Schritt für Schritt beschreiben, was es unternehmen musste, um die Lautstärke hochzudrehen und dann wieder herunter. Es kann sich dabei auch auf das Bild beziehen, das es zuvor gemalt hat.

Hinweis: Ich habe diese Übung so entworfen, dass damit Kontrolle über die Lautstärke des inneren Dialogs erlangt werden kann, aber Sie können die Stimme auch verzerren, sodass sie komisch wirkt, zum Beispiel wie Micky Maus oder eine Figur aus SpongeBob Schwammkopf spricht, oder irgendeine andere Stimme hat, die das Kind amüsant findet.

Die Stimme von jemandem, der das Kind schikaniert, so zu verwandeln, dass sie lächerlich klingt, wird den verletzenden Worten den Stachel nehmen und die Emotionen neutralisieren. Wahrscheinlich wird Ihr Sprössling dann über die Kritik oder Beleidigung lachen können und sie viel leichter mit einem Achselzucken abtun.

8.5 Ein Stoppknopf für Gedanken

Einen „Stoppknopf" zu installieren ist eine weitere nützliche Technik, um hartnäckig wiederkehrende Gedanken loszuwerden. Sie haben Ähnlichkeit mit einem „Ohrwurm" – so nennt man oft ein Lied oder eine Melodie, die einem im Kopf herumgeht und nicht weichen will. Ich nenne inzwischen einen Gedanken, der einem ebenso im Kopf herumgeht, „Gedankenwurm". Manchmal ist dieser innere Dialog einfach nervig, und wir empfinden die Negativität als kraftraubend, aber andere Gedanken können auch ernstere Konnotationen haben. Es ist möglich, das Gefühl zu haben, dass bestimmte Ideen unser Denken besetzen und uns beinahe diktieren, was wir tun und wie wir uns verhalten sollen. Das geschieht oft bei Zwangshandlungen und Zwangsgedanken, eben jenen, die uns zu einem bestimmten Verhalten drängen, obwohl wir wissen, dass wir das gar nicht wollen.

Ich weise gerne darauf hin, dass es gut ist, sich klarzumachen, dass wir nicht jeden Gedanken ausführen, der uns in den Kopf kommt. Wir haben regelmäßig Gedanken, die wir einfach ignorieren. Wenn mir etwa eine Politesse einen Strafzettel an die Windschutzscheibe klemmt, kann ich aus lauter Frustration auf den Gedanken kommen: *„Verflixt, diese Politesse könnte ich umbringen!"* Aber natürlich lasse ich das schön bleiben, das ist nur ein Gedanke, den ich leicht ignorieren kann. Dieser Gedanke wird keine Kontrolle über mich haben.

Tatsächlich tauchen in unserem Kopf Tag für Tag zahlreiche Gedanken auf, die wir ganz leicht übergehen können. Besonders leicht kann ich Sätze wie *„Ich muss noch bügeln"* oder *„Ich sollte meine Steuererklärung machen"* abtun, wie ich weiß.

Und ich wette, auch Ihr Kind hat diese Art von Gedanken – etwa: *„Ich sollte meine Hausaufgaben machen"* oder *„Ich muss noch meine Schultasche für morgen packen"*. Kindern fällt es sehr leicht, solche Gedanken abzuschütteln.

Und genauso kann man lernen, unerwünschte, ärgerliche oder angsteinflößende Gedanken ein für alle Mal zu verbannen. Diese Gedanken haben keine große Macht über uns – nur die Macht, die wir ihnen verleihen. Und was wir ihnen geben, können wir auch wieder wegnehmen.

Sie können mit Ihrem Kind die folgende Übung machen und es kann auch Papier und Buntstifte zu Hilfe nehmen, wenn es möchte. Ich empfehle oft, Bilder zu malen, weil es ein guter Indikator dafür ist, ob Ihr Kind eine klare Vorstellung von dem hat, was es sich ausdenkt. Ältere Kinder und Teenager möchten oft kein Bild malen und ich denke, es wäre genauso wirksam, wenn sie die Details von Hand festhalten oder Notizen im Handy machen.

ÜBUNG: Der imaginäre Stoppknopf

1. Erklären Sie Ihrem Kind, dass es jetzt die Gelegenheit hat, einen speziellen „Stoppknopf" zu entwerfen: einen imaginären Knopf, der ganz schnell gedrückt werden kann, um unerwünschte Gedanken aufzuhalten, die versuchen könnten, sich in sein Denken einzuschleichen.
2. Bitten Sie es, die Augen zu schließen und sich einen Augenblick Zeit zu nehmen, um sich auszumalen, wie dieser spezielle Knopf aussehen könnte.
3. Geben Sie dem Kind Stichworte für sein Vorstellungsbild, dann geht es leichter: *„Ich weiß nicht, ob dein Knopf rund, viereckig oder vielleicht sogar dreieckig sein wird. Aber ich weiß, dass du ihn jetzt allmählich deutlich sehen kannst."*
4. Und was hat er für eine Farbe? *„Ich weiß nicht, ob dein Knopf rot oder blau, grün, gelb oder vielleicht sogar orange sein wird. Ich frage mich, an welche Farbe du denkst."*
5. Leiten Sie Ihr Kind weiterhin sanft bei seinem Entwurf und lassen Sie ihm viel Zeit, zu träumen und seine Vorstellung zu entwickeln. Ermuntern Sie es, laut auszusprechen, was es sieht, und notieren Sie sich die Details.

6. Dann können Sie Ihr Kind bitten, die Augen zu öffnen und ein Bild von dem Knopf zu malen, den es sich vorgestellt hat.
7. Setzen Sie sich zu ihm, während es malt – und vielleicht möchten Sie auch selbst ein Bild malen.
8. Wenn die Bilder fertig sind, erklären Sie Ihrem Kind, dass es dann, wenn ihm die unerwünschten Gedanken oder Worte wieder in den Sinn kommen, lediglich den Stoppknopf zu drücken braucht.
9. Das üben Sie jetzt – bitten Sie das Kind, die Augen wieder zu schließen und kräftig auf den Stoppknopf zu drücken. Bitten Sie es, Ihnen noch einmal genau zu erklären, was es tun muss, damit diese Gedanken gestoppt werden und weggehen.
10. Wenn Sie das ein paarmal getestet haben und Ihr Nachwuchs zufrieden ist, hängen Sie das Bild an die Wand oder an den Kühlschrank, wo es gut zu sehen ist. Wenn sich dann in Zukunft die Gedankenspirale abwärts dreht, kann er „Stopp“ rufen.
11. Mit diesem Bild im Kopf wird es Ihrem Kind wesentlich leichter fallen, Kontrolle über seine Gefühle zu gewinnen.

Hinweis: Wenn Sie irgendwann später feststellen, dass der Stoppknopf nicht funktioniert, dann ist es Zeit, noch einmal zum Malblock zu greifen. Sagen Sie Ihrem Kind, dass der Knopf in Ordnung gebracht werden muss. Leiten Sie es während des Visualisierungsprozesses zu einer Reihe von Veränderungen an – ungefähr so:

- *Wäre es besser, wenn der Knopf größer wäre?*
- *Musst du seine Form ändern?*
- *Wie steht es mit der Farbe – möchtest du die auch ändern?*
- *Möchtest du den Knopf lieber in einen Griff oder einen Hebel verwandeln, den man nach unten ziehen kann?*
- *Wäre es besser, wenn er auch ein Geräusch machen würde?*
- *Wie wäre es mit dem Nebelhorn eines Schiffs oder dem Muhen einer Kuh? Oder mit einer Stimme, die „Stopp“ ruft? Und wenn ja, wessen Stimme? Vielleicht die eines Superhelden?*
- *Sie können auch einige Geräusche und Stimmen im Internet suchen und Ihr Kind bitten, sich etwas davon auszusuchen.*

Ich finde auch die Begriffe „Gedankenfolge“ oder „Gedankenreihe“ hilfreich. Wir können uns unsere Gedanken wie einen Zug vorstellen, der mit seiner Wagenreihe von links oder von rechts in unseren Kopf einfährt, und können dann beschließen, ob wir uns mit ihnen befassen möchten oder nicht. Stellen Sie sich vor, in der Mitte Ihres Kopfes sei ein Bahnhof – wenn Sie Kontrolle über Ihre Gedanken haben, können Sie entscheiden, ob Sie den Zug am Bahnhof halten lassen (das heißt, Sie beschäftigen sich mit den Gedanken) oder ihn als Schnellzug einstufen wollen, der durchfährt, ohne anzuhalten (das heißt, Sie ignorieren die Gedanken).

Wenn Ihrem Kind dieses Bild besser gefällt, dann verwenden Sie es.

8.6 Die Drehrichtung der Angstgefühle umkehren

Angst kann in unserem Körper auf sehr unterschiedliche Weise spürbar werden: Das Herz hämmert in der Brust, es schnürt uns die Kehle zu, der Magen fühlt sich flau oder verkrampft an und wir können sogar ein Kribbeln in Händen und Füßen haben.

Damit wir ein Gefühl spüren können, muss es in Bewegung sein – die Energie muss ständig in unserem Körper kreisen. Ich will Ihnen verdeutlichen, was ich damit meine: Wenn ich zu Ihnen komme und Ihnen kräftig auf den Fuß trete, tut Ihnen das weh. Und wenn ich das später noch einmal wiederholen würde, täte es Ihnen erneut weh.

Wenn ich aber zu Ihnen käme, meinen Fuß auf Ihren stellen und ihn dort lassen würde, würden Sie interessanterweise nach der ersten Reaktion keinen Schmerz mehr spüren. Ihr Fuß würde sich an das Gewicht meines Fußes gewöhnen und ihn nicht mehr wahrnehmen.

Genauso wäre es, wenn ich Ihnen mit einer dünnen Nadel in den Arm stechen und sie dann schnell wieder herausziehen würde. Dann empfänden Sie natürlich Schmerz. Aber wenn ich die Nadel einstechen und sie dann einfach ruhig dort lassen würde, würden Sie sich auch in diesem Fall an das Gefühl gewöhnen und es nicht mehr so stark wahrnehmen wie am Anfang.

Damit wir Angstgefühle spüren, müssen sie also, wie wir wissen, durch den Körper fluten oder ihn zum Vibrieren bringen, denn wären sie statisch, würden wir ziemlich bald aufhören, sie zu spüren. Ausdrücke wie „Zittern vor Angst" beschreiben treffend, was da geschieht.

Gute Gefühle tendieren dazu, in eine bestimmte Richtung zu fließen, und schlechte Gefühle sind in einer anderen Richtung unterwegs – und wenn Sie in der Lage sind, die Richtung wahrzunehmen, in der sie sich bewegen, gibt Ihnen das die Möglichkeit, nicht nur die Richtung zu verändern, sondern auch von der Angst in ein gutes Gefühl zu wechseln.

ÜBUNG: Die Drehrichtung von Gefühlen umkehren

1. Wenn Ihr Kind das nächste Mal Angst hat, bitten Sie es, wahrzunehmen, wo im Körper es diese Gefühle spürt. Wenn ein Kind es schwierig findet, die Gegend zu lokalisieren, sage ich oft scherzhaft: *„Spürst du sie an der Nasenspitze? Oder vielleicht im großen Zeh?"* Das führt oft zu einem Lachen – und auch zu mehr Klarheit und einer Antwort wie: *„Nein, ich spüre sie im Bauch."*

2. Bitten Sie Ihr Kind, mit dem Finger auf die Gegend zu zeigen, in der die Gefühle sind, und dann zu zeigen, in welcher Richtung sie sich bewegen. Die Angstgefühle könnten sich in kleinen Kreisen im Uhrzeigersinn oder gegen den Uhrzeigersinn drehen – oder sie könnten vom Scheitel zu den Füßen hinunterlaufen und wieder zurück. Das Kind soll die Bewegung weiter mit dem Finger verfolgen und zeigen.
3. Jetzt bitten Sie es, diesen unerwünschten Gefühlen eine Farbe zu geben – es geht jede Farbe, die nach seinem Empfinden die Gefühle, die es gerade erlebt, treffend charakterisiert.
4. Der nächste Schritt mag Ihnen merkwürdig vorkommen – aber machen Sie ihn trotzdem. Tun Sie so, als würden Sie mit beiden Händen das Angstgefühl aus dem Körper Ihres Kindes herausziehen. Das kann recht lustig sein. Wenn Sie dann das „Gefühl" in den Händen halten, drehen Sie es mit großem Theater um und schwenken es in die andere Richtung.
5. Jetzt können Sie es wieder in den Körper Ihres Kindes zurückfließen lassen – und weil Sie es umgedreht haben, wird sich das Gefühl nun in der Gegenrichtung bewegen. Wenn es vorher im Uhrzeigersinn unterwegs war, kreist es jetzt gegen den Uhrzeigersinn. Wenn es vom Kopf zu den Füßen floss, wird es jetzt stattdessen von unten nach oben steigen. Alle Gefühle bewegen sich in der entgegengesetzten Richtung.
6. Bitten Sie Ihr Kind, wieder mit dem Finger auf das Gefühl zu zeigen und wieder seine Bewegungsrichtung zu verfolgen. Ermuntern Sie es, darauf zu achten, wie anders es sich jetzt anfühlt. Weil wir das alte Angstgefühl komplett umgedreht haben, wird dieses neue Gefühl jetzt ein positives, fröhliches, zuversichtliches sein.
7. Jetzt kann Ihr Kind die Farbe dieses neuen Gefühls ändern – wenn es also vorher rot war, wird es jetzt vielleicht blau.
8. Der letzte Schritt besteht darin, die Bewegung des Gefühls schneller werden zu lassen – sagen Sie Ihrem Kind, es solle sich zehnmal schneller drehen als je zuvor. Das wird die neuen, positiven Gefühle umso stärker werden lassen.
9. Zuletzt bitten Sie Ihr Kind, gleichzeitig noch an etwas zu denken, was ihm ein gutes Gefühl gibt – den besten Freund / die beste Freundin, das Haustier der Familie oder Schokoladeneis. Diese neuen Gedanken werden die neuen, positiven Gefühle wachsen und sich ausdehnen lassen.

Ich habe einmal mit einem Kind gearbeitet, das seine Angstgefühle als *„schwarze, zappelnde Würmer, die in meinem Bauch herumschwimmen"* bezeichnet hat. Sie werden sicher verstehen, dass ich ihm durch Veränderungen der Submodalitäten dieses Bildes mithilfe der Dreh-Technik enorm helfen konnte.

8.7 Zwischen zwei Stühlen sitzen

Wir alle wissen, wie es ist, wenn wir darum ringen, eine Gewohnheit oder eine Verhaltensweise zu ändern, und im Hintergrund gibt es einen „Sekundärgewinn" oder lauert irgendeine Furcht, die uns in unserem alten, eingespielten Verhaltensmuster festzuhalten scheint.

Wie viele von uns würden gerne abnehmen, möchten aber andererseits nicht auf den täglichen Latte macchiato mit einem Muffin dazu verzichten? Und wie viele wären gerne richtig fit und nehmen sich vor, fünfmal in der Woche ins Fitnessstudio zu gehen, möchten aber andererseits nicht jeden Morgen eine Stunde früher aufstehen oder später von der Arbeit nach Hause kommen?

Diese Beispiele sind relativ banal, aber Sie können daran ablesen, wie das bei einem Kind wäre, das Angst vor der Dunkelheit hat und deshalb am liebsten jede Nacht in Ihr Bett kommt. Sich im warmen Bett an Mama oder Papa zu kuscheln wird zum stärkeren Wunsch – die Angst vor der Dunkelheit loszuwerden hat weniger Reiz und ist nicht mehr das vorrangige Ziel.

Nehmen wir noch ein anderes Beispiel: Ihr Nachwuchs hat wirklich Freude daran, bei Theaterstücken mitzuspielen oder zu singen, hat aber andererseits große Angst davor, vor einem Publikum auf der Bühne zu stehen. Dann ist sich klein machen der leichtere Weg, der oft vorgezogen wird.

Vielleicht würde Ihr Kind auch sehr gerne einmal bei einem Freund oder einer Freundin übernachten, aber die Sicherheit, die es ihm gibt, zu Hause in seinem eigenen Bett zu schlafen, veranlasst es zu einem Vermeidungsverhalten.

Und wenn ein Kind der Familie wegen seiner Angst oder Phobie mehr Zeit und Aufmerksamkeit bekommt, hat es vielleicht mehr Angst davor, was geschieht, wenn das Problem nicht mehr da ist, als davor, es in alle Ewigkeit zu behalten. Zumindest kennt es seine Angst und seine Befürchtungen und hat wahrscheinlich Strategien entwickelt, sie zu bewältigen und damit zu leben.

Erfolg zu erzielen wird wesentlich schwieriger, wenn ein innerer Konflikt vorliegt, und sei es nur ein kleiner. Es ist gut, wenn Sie mit Ihrem Kind reden und es darauf hinweisen, dass diese negativen Gefühle einen Zweck haben – sie versuchen, Ihr Kind zu beschützen, und deshalb ist ihre Absicht gut. Obwohl also das Kind das Gefühl hat, in zwei Richtungen gleichzeitig gezogen zu werden, wollen beide Seiten nur sein Bestes. Diese übertrieben wachsamen Gefühle haben jedoch eine Sabotagewirkung und hindern Ihr Kind daran, das zu erreichen, was es wirklich gerne erreichen würde. Es ist gut, dabei immer das letztendliche Ziel im Auge zu behalten – was möchte Ihr Kind wirklich am liebsten?

- Entspannt in die Schule gehen und seine Freunde sehen?
- Auf der Bühne stehen und fröhlich und selbstbewusst auftreten?
- Nachts durchschlafen und das Gefühl haben, sicher und geborgen zu sein?

Helfen Sie Ihrem Kind, zu sehen, dass es ganz normal ist, auf der einen Seite das Gefühl zu haben, etwas sollte sich ändern, aber auf der anderen Seite auch zu wollen, dass alles beim Alten bleibt.

Die folgende Übung wird dazu beitragen, dass beide Seiten einvernehmlich einer Veränderung zustimmen.

ÜBUNG: Zwischen zwei Stühlen sitzen

1. Führen Sie mit Ihrem Kind ein Gespräch und helfen Sie ihm, beunruhigende Gedanken, Zweifel oder Glaubenssätze zu identifizieren, die es bezüglich einer Änderung seines Angstverhaltens haben könnte. Dabei kann es hilfreich sein, alles, was Sie herausfinden, auf ein großes Blatt Papier zu schreiben – oder vielleicht sogar ein Bild dazu zu malen.
2. Wenn Sie das gemacht haben, stellen Sie sich vor Ihr Kind und bitten Sie es, beide Hände nach vorne zu strecken und dabei die Handflächen zur Decke zu drehen. Sagen Sie ihm, es solle sich den Teil, der auf positivere Weise handeln möchte, in der rechten Hand vorstellen. Und dann den negativen Teil, der sich Sorgen macht, in der linken Hand.

Beispiel: Den Teil, der gerne zum Spielen mit Freunden in den Park gehen würde, in der rechten Hand vorstellen. Und den Teil, der panische Angst vor Hunden hat und nicht in den Park gehen will, in der linken Hand.

3. Bitten Sie Ihr Kind, einen Augenblick auf die linke Hand zu schauen und ein Bild von sich mit seiner Angst vor was auch immer auf der linken Handfläche zu visualisieren.
4. Dann bitten Sie es, auf die rechte Hand zu schauen und sich mit einem anderen Verhalten zu sehen, zuversichtlich, fröhlich – fähig, die Angst zu besiegen. Bitten Sie es wieder, ein Bild auf seiner Handfläche entstehen zu lassen.
5. Während das Kind abwechselnd auf die beiden Hände schaut, fragen Sie es, welche gute Absicht jeder der beiden Teile seiner Meinung nach hat. Fragen Sie so lange weiter, bis klar wird, dass beide Teile im Grunde dasselbe wollen – dass das Kind in Sicherheit ist.
6. Setzen Sie diesen Prozess fort, auch wenn er sich anfangs ein bisschen merkwürdig anfühlt. Diese Übung wird Veränderungen in Selbstsicherheit und Selbstvertrauen bewirken. Wir lehnen nämlich nur allzu oft den Teil in uns ab, der uns daran hindert, das zu erreichen, was wir gerne schaffen wollen, und diese Übung hilft uns, uns mit dem scheinbar negativen Teil anzufreunden. Es ist, als würde man einen Waffenstillstand ausrufen – man einigt sich darauf, dass der Kampf ab jetzt aufhören kann.

7. Jetzt lassen Sie das Kind in den freien Raum zwischen seinen beiden ausgestreckten Händen schauen und bitten es, sich vorzustellen, dass es sehen kann, wie dort ein „Superteil" entsteht. Ein Superteil, der die Ressourcen hat, beide Seiten zufriedenzustellen und dennoch erfolgreich voranzukommen.

Beispiel: Wenn wir noch einmal den Fall aufgreifen, dass ein Kind wegen seiner Furcht vor Hunden zu ängstlich ist, in den Park zu gehen und mit seinen Freunden zu spielen, könnte dieser Superteil etwa Vorschläge folgender Art machen: Jemanden aus der Familie, der einen Hund hat, zweimal in der Woche für fünf Minuten besuchen gehen, damit sich das Kind allmählich daran gewöhnen kann, mit einem Hund zusammenzusein. Oder vielleicht gemeinsam mit einem Erwachsenen oder einem Freund, dem das Kind vertraut und der ihm anfangs ein Gefühl von Sicherheit gibt, in den Park gehen.

8. Während Ihr Nachwuchs weiter in den freien Raum zwischen seinen Händen hinunterschaut, ermutigen Sie ihn, immer deutlicher zu sehen, wie dieser neue Superteil entsteht. Er wird die Lösung, die Antwort auf sein Problem sein. Ihr Kind sieht sie vielleicht anfangs nicht klar, aber wenn Sie ihm die Suggestion geben, dass es diese Sache lösen kann und lösen wird, dann wird es für das Kind leichter, das auch zu tun.
9. Jetzt bitten Sie es, mit einer schnellen Bewegung beide Hände gewölbt zusammenzubringen, damit die beiden getrennten Teile in der linken und in der rechten Hand verschmelzen können und der Superteil noch dazu, sodass alle eins werden.
10. Bitten Sie das Kind, die Hände an die Brust zu nehmen, damit der eben erschaffene „Superteil" als neuer Persönlichkeitsanteil ganz aufgenommen und integriert werden kann. Ermuntern Sie es, dabei die Augen zu schließen und diesen Moment wirklich zu genießen, in dem es sieht, wie seine Zukunft sich von jetzt an gestalten wird, wenn alle Teile seines Körpers sich einig sind.

Helfen Sie Ihrem Kind, diese Technik auch weiterhin zu üben, und Sie werden sehen, dass sein Gefühl eines inneren Konflikts nach und nach einfach verschwinden wird.

8.8 Ankern

Gefühle, Empfindungen und Reaktionen können in unserem Körper von allen möglichen Dingen ausgelöst werden, nicht nur von Gedanken. Mit dem Wort „Anker" wird die Verbindung zwischen einem Trigger oder Reiz und einer Reaktion beschrieben. Anders gesagt, löst etwas in unserer Umgebung – ein Geräusch, ein Geruch, ein Musikstück oder ein Anblick – eine Reaktion in uns aus. Diese Reaktion kann ein Glücksgefühl sein oder Traurigkeit, Nervosität, Angst, Zuversicht, Erhebung – und sie tritt automatisch ein, ohne dass man groß Kontrolle über sie hätte, wenn einem nicht bewusst wird, was da vor sich geht.

Wir sind überall von Ankern umgeben: Wir können ein bestimmtes Musikstück hören und spüren, wie ein Gefühl in uns aufwallt, und bei vielen wird die Musik, die aus einem vorbeifahrenden Eiswagen ertönt, sofort Erinnerungen an die Kindheit auslösen.

Gerüche können besonders starke Reaktionen wachrufen: Der Duft eines bestimmten Parfüms kann Sie an die ganze Aufregung eines ersten Rendezvous mit jemandem erinnern. Andererseits kann der Geruch einer Speise, mit der Sie sich einmal kräftig den Magen verdorben haben, künftig ausreichen, dass Ihnen übel wird.

Es ist nicht überraschend, dass viele Menschen behaupten, der Apfel- oder Käsekuchen ihrer Mutter sei der beste auf der ganzen Welt, denn diese Reaktion beruht nicht allein auf dem köstlichen Geschmack, sondern auch auf dem Gefühl von Liebe, Trost, Sicherheit und Geborgenheit, das gleich mitserviert wurde.

Das Ankern ist eine der beliebtesten Techniken des NLP. Es geht ganz leicht und wirkt sehr stark. Es gibt Ihnen die Kontrolle, sich in den Zustand zu versetzen, in dem Sie gerne wären, quasi auf Knopfdruck.

Diese Verbindung zwischen Reiz und Reaktion wurde ursprünglich von dem berühmten russischen Wissenschaftler Iwan Pawlow entdeckt, der Experimente mit seinen Hunden machte. Jedes Mal, wenn die Hunde etwas zu fressen bekamen, begann als Reaktion Speichel zu fließen. Pawlow beschloss dann, jedes Mal eine Glocke zu läuten, wenn er die Hunde fütterte, sodass die Hunde den Klang der Glocke bald mit Futter zu assoziieren begannen. Nach einiger Zeit stellte er fest, dass schon allein der Klang der Glocke genügte, um den Speichelfluss der Hunde auszulösen, auch wenn gar nicht Fütterungszeit war und sie kein Futter sehen oder riechen konnten. Ihr Körper reagierte automatisch (mit Speichelfluss), sogar, wenn sie nicht hungrig waren.

Im NLP werden die gleichen Prinzipien angewandt, um Anker zu setzen, aber jetzt kann das gezielt und absichtlich geschehen, um Verbindungen und Assoziationen mit erwünschten Zuständen aufzubauen, anstatt dass wir mit unerwünschten Ankern fertigwerden müssen, die zufällig in unserem Leben entstanden sind.

Derartige Anker zu setzen ist eine wertvolle Fähigkeit, die uns ermöglichen kann, uns von einem unerwünschten in einen erwünschten Gefühlszustand zu bringen – vom Stress in die Entspannung, von Ärger zur Ruhe, von Selbstzweifeln zur Zuversicht, von Trauer zur Freude.

In den folgenden Übungen zeige ich Ihnen, wie Sie bei Ihrem Kind einen Anker für Selbstvertrauen und Ruhe setzen können. Wie schon erwähnt, wird dabei gezielt eine „Bindung“ zwischen bestimmten Gefühlen und einem Reiz hergestellt.

Häufig geht man dabei so vor, dass man eine Person ermuntert, positive Gedanken und Gefühle in den Vordergrund treten zu lassen und gleichzeitig den Mittelfinger der dominanten Hand gegen den Daumen zu drücken. Dadurch wird eine Art Schalter oder Trigger erzeugt, mit dem man diese erwünschten Gefühle irgendwann in der Zukunft wieder auslösen kann. Wenn Ihr Kind beispielsweise einen Bühnenauftritt vor sich hat und deshalb an Nervosität leidet, ist es sehr hilfreich, einen positiven Anker zu setzen, damit es, kurz bevor es die Bühne betritt, die Finger zusammendrücken und dadurch im Körper einen Schuss Wohlfühlsubstanzen freisetzen kann – genau so, wie Pawlows Hunde Speichel produzierten.

Ich habe diese Technik viele Male bei Kindern angewandt und finde, dass sie hervorragend wirkt.

ÜBUNG: Einen Anker für Selbstvertrauen erzeugen

Hinweis: Sie werden Ihr Kind auffordern, einen „Schalter" zum Auslösen guter Gefühle einzurichten. Das macht man normalerweise dadurch, dass man Daumen und Mittelfinger der dominanten Hand zusammendrückt. Wenn das Ihrem Kind widerstrebt, können Sie ihm anbieten, stattdessen die Hand zur Faust zu schließen.

Wenn es Ihrem Kind schwerfällt, sich klare Erinnerungen vorzustellen, dann weisen Sie es darauf hin, dass es das nach und nach lernen wird – es ist ein bisschen, wie leise im Kopf lesen zu lernen. Am Anfang ist es schwierig, aber mit der Zeit können wir das alle.

Als Alternative dazu, sich ein Bild vor das innere Auge zu rufen, können Sie das Kind auch auffordern, Bilder zu malen. Dann kann es sich die Bilder an die Wand seines Zimmers hängen und sie werden als zusätzliche Erinnerung dienen.

1. Suchen Sie sich einen ruhigen, bequemen Ort, an dem Sie sich niederlassen können, und ermuntern Sie Ihr Kind dazu, sich zu entspannen – vielleicht, indem es dreimal tief und langsam ein- und ausatmet und dabei eine imaginäre Papiertüte aufbläst.
2. Bitten Sie Ihr Kind, sich an eine Gelegenheit zu erinnern, bei der es sich glücklich und voller Selbstvertrauen gefühlt hat. Versuchen Sie, ihm Beispiele für Situationen ins Gedächtnis zu rufen, in denen es vermutlich die Art von guten Gefühlen erlebt hat, die es jetzt auch wieder gerne hätte.

Wenn Ihr Kind beispielsweise nervös ist, weil es zur Geburtstagsparty eines Freundes/einer Freundin gehen soll, erinnern Sie es nach Möglichkeit an einen anderen Kindergeburtstag, bei dem es sich bestens vergnügt hat. Versuchen Sie, sich Beispiele für frühere Gelegenheiten einfallen zu lassen, bei denen es sich wunderbar und selbstsicher fühlte.

3. Bitten Sie Ihr Kind, die Augen zu schließen und sich in diese schöne Situation zurückzuversetzen. Sagen Sie ihm, es solle alles sehen, was es damals gesehen hat, hören, was es gehört hat, und die guten, frohen Glücksgefühle wieder spüren, die es damals empfunden hat. Vielleicht kann es Ihnen die Szene beschreiben. Was war so besonders und gut an diesem Moment?
4. Um ihm zu helfen, dieses Bild hervorzurufen, bitten Sie es, das Bild etwas größer werden zu lassen – die Farben etwas kräftiger, stärker und leuchtender zu machen, und wenn in der Erinnerung Töne vorkommen, dann soll es die Lautstärke hochdrehen. Hinweis: *Beziehen Sie sich auf die frühere Übung mit der magischen TV-Fernbedienung, denn das ist eine Hilfe.*
5. Dann bitten Sie das Kind, dieses Bild noch größer zu machen und es nahe an sich heranzuholen.
6. Kann es sich in dem Bild sehen und spüren, wie viel Spaß es damals hatte? Damals hat es sich sehr glücklich, voller Selbstvertrauen und erfolgreich gefühlt.
7. Wenn die Gefühle, die mit dieser Erinnerung verknüpft sind, stärker werden, bitten Sie Ihr Kind, Daumen und Zeigefinger der dominanten Hand zusammenzudrücken. Es soll fest drücken und dabei all die wunderbaren Gefühle einfangen.
8. Es soll den Druck eine Minute aufrechterhalten und dann die Hand entspannen. Jetzt kann es die Augen wieder öffnen.
9. Nun suchen Sie noch ein paar weitere Beispiele für Situationen, in denen sich Ihr Kind zuversichtlich und erfolgreich gefühlt hat – sprechen Sie mit ihm über diese Erfahrungen. Vielleicht war es sehr froh, als ein Lehrer es in der Schule für eine gute Arbeit gelobt hat – vielleicht, als es zum ersten Mal ein Stück Rad fahren konnte, ohne herunterzufallen – vielleicht, als es eine ganze Bahn im Schwimmbad schaffte, nachdem es lange gezweifelt hatte, dass es das kann. Oder fällt Ihnen ein lustiges Ereignis von früher ein, bei dem es gar nicht mehr aufhören konnte zu lachen?
10. Sprechen Sie über diese Erlebnisse und wählen Sie noch zwei davon aus. Wiederholen Sie Schritt drei und ermuntern Sie das Kind, die Erinnerung mit lebhaften Farben, Tönen und Gefühlen auszustatten. Dabei soll es wieder Daumen und Mittelfinger zusammendrücken (oder eine Faust machen) und auf diese Weise all diese guten Gefühle einfangen.

Wenn Sie diese Übung mehrmals wiederholen, sorgt das zuverlässig dafür, dass der Anker für das Selbstvertrauen immer stärker wird – Wiederholung ist der Schlüssel zu einer wachsenden Wirksamkeit dieses Ankers.

Sagen Sie Ihrem Kind, es könne diesen „Schalter" jedes Mal betätigen, wenn es ein bisschen mehr Selbstvertrauen gut gebrauchen kann – vielleicht, wenn es zu einem Spiel auf den Fußballplatz geht, im Unterricht laut lesen soll, einen Prüfungsraum betritt oder zum Spielen zu Freunden geht.

Es braucht dafür nur wieder Daumen und Mittelfinger zusammenzudrücken, dann wird sein Körper automatisch von Wohlfühlsubstanzen durchflutet werden, die es ihm leichter machen, mit der Situation umzugehen.

Sie können ihm helfen, diesen Anker für Wohlgefühl noch zu verstärken, indem Sie es dazu ermuntern, diese beiden Finger künftig immer dann zusammenzudrücken, wenn etwas Gutes passiert – wenn es zum Beispiel Schokoladeneis isst oder bei seinem Lieblingsprogramm im Fernsehen lacht.

Andere Anker erzeugen

Nachdem Sie jetzt ein Muster für das Erzeugen eines Ankers haben, können Sie Ihrem Kind auch helfen, andere Anker für andere Gefühle zu setzen.

So können Sie beispielsweise einen „Ruheanker" einrichten, um Prüfungsangst oder Unruhe beim Einschlafen durch hilfreichere Gefühle zu ersetzen. Suchen Sie entspannte Augenblicke in der Vergangenheit, die Sie mit dem Anker verbinden können: vielleicht ein warmes Bad, in dem das Kind ganz gelöst lag, eine gemütliche Position auf dem Sofa, umgeben von vielen Kissen beim Anschauen des Lieblingsprogramms im Fernsehen, oder einen gemeinsamen Tag an einem warmen, sonnigen Strand, den Sie gemeinsam genossen haben.

Wenn dann eine Portion ruhige, entspannte Gefühle gebraucht wird, löst das Zusammendrücken von Daumen und Mittelfinger diese augenblicklich aus.

Hinweis: Wenn Sie beschließen, mehr als einen Anker zu erzeugen, dann empfehle ich Ihnen, beim zweiten die andere Hand zu nehmen, sodass Sie vielleicht den Anker für Ruhe und Entspannung an der linken Hand setzen und den für Selbstvertrauen und Energie an der rechten Hand.

8.9 Selbstvertrauen XXL

Es wird Gelegenheiten geben, bei denen Ihr Kind oder Teenager eine Extraportion Selbstvertrauen brauchen wird, beispielsweise wenn es irgendwo vorsprechen oder Musik vorspielen muss, auf einer Bühne auftritt oder ein Bewerbungsgespräch hat. Die folgende Technik ist dafür ideal.

ÜBUNG: Selbstvertrauen stärken

1. Ziehen Sie einen Kreis auf dem Boden, was Sie mit einem Stück Kreide und einer langen Schnur, einem Band oder Seil oder auch mit einem Hula-Hoop-Reifen aus Plastik bewerkstelligen können.
2. Bitten Sie Ihr Kind, das außerhalb des Kreises steht, an die schwierige Situation zu denken, die auf es zukommt, und sprechen Sie mit ihm darüber. Bitten Sie es, ein paar Minuten darüber nachzudenken. Wer wird dort sein? Wo wird das Ganze stattfinden? Wie lange wird es dauern? Welches Ergebnis wünscht es sich?
3. Ermuntern Sie es dazu, über die Ressourcen und Fähigkeiten nachzudenken, die es brauchen wird. So verlangt etwa ein Vorsprechen oder ein Bühnenauftritt, dass man einen Schuss Starqualität hat, ein Bewerbungsgespräch erfordert, dass man Selbstvertrauen hat und selbstständig denken kann, für eine Prüfung oder ein sportliches Ereignis ist es nötig, dass man ruhig und konzentriert ist.
4. Sagen Sie dem Kind, es soll sich in einer guten, aufrechten Haltung hinstellen, die Selbstvertrauen ausdrückt. Dafür eignet sich etwa eine Superheldenpose, in der es breitbeinig dasteht und die Hände in die Hüften stemmt. Bitten Sie es, sich ein genaues Bild davon vorzustellen, wie das Ereignis nach seinem Wunsch ablaufen sollte. Das Kind kann Ihnen das beschreiben, wenn nötig mit ein bisschen Nachhilfe von Ihnen.
5. Jetzt bitten Sie es, sich an eine frühere Situation zu erinnern, in der es all die Ressourcen hatte, die es für das künftige Ereignis braucht. Selbst wenn es etwa zum ersten Mal auf der Bühne steht, hat es vielleicht schon einmal bei einem Spiel im Rahmen einer Geburtstagsparty bei einem Freund ein Lied laut vorgetragen oder begeistert getanzt. Bei einem Bewerbungsgespräch könnten Sie einen Jugendlichen ermuntern, sich an eine Gelegenheit zu erinnern, bei der er einem Verwandten oder einem Freund der Familie voller Selbstvertrauen erläutert hat, was er nach Abschluss der Schule machen will. Bei einer Prüfung erinnern Sie an eine vergangene Prüfung oder Klassenarbeit, die gut gelaufen ist.
6. Wenn alle notwenigen Ressourcen identifiziert sind, bitten Sie Ihr Kind, in den magischen Kreis zu treten, die Augen zu schließen und die damalige Situation noch einmal zu erleben. Sprechen Sie sie gemeinsam durch, ermutigen Sie das Kind, zu sehen, was es damals gesehen hat, zu hören, was es damals gehört hat, zu fühlen, was es damals gefühlt hat, und dieses Bild in seiner Vorstellung größer und größer werden zu lassen. In dem Maße, in dem das Bild wächst, wird auch die Stärke der Gefühle zunehmen. Sie können dieses Bild noch weiter ausschmücken, indem Sie Ihr Kind bitten, die Farben kräftiger zu machen und die Töne lauter – fast so, als hätte es eine eigene, private TV-Fernbedienung in der Hand.
7. Bitten Sie das Kind, entweder eine Faust zu machen (wenn es noch kleiner ist) oder Daumen und Zeigefinger der dominanten Hand zusammenzudrücken (das ist bei größeren Kindern und Teenagern besser), um all diese guten Gefühle „einzufangen“. Der Druck sollte mindestens 30 Sekunden gehalten werden.

8. Dann kann es die Hand entspannen und aus dem Kreis heraustreten.
9. Anschließend bitten Sie es, an ein weiteres Gefühl oder ein weiteres Können zu denken, das es braucht, um diese Situation gut zu meistern. Durchsuchen Sie wieder das Gedächtnis, um eine Szene in der Vergangenheit zu finden, in der es genau diese Ressource schon hatte.
10. Bitten Sie Ihr Kind, wieder in den Kreis zu treten, und wiederholen Sie die Schritte sechs und sieben mit dieser neuen Erinnerung.
11. Wenn Sie damit fertig sind, lassen Sie das Kind wieder aus dem Kreis heraustreten und die Augen öffnen.
12. Sagen Sie ihm, es solle sich entspannen, und schlagen Sie ihm vor, es solle an einen wirklichen oder imaginären Freund denken, den es gerne bei dieser künftigen Herausforderung dabei hätte. Es könnte sogar das Haustier der Familie sein oder eine Figur aus dem Fernsehen, die ihm gefällt.
13. Dann soll es wieder in den Kreis hüpfen und die Schritte sechs und sieben noch einmal durchlaufen, mit all den guten Gefühlen, die die Begleitung dieses imaginären Gefährten ihm gibt.
14. Dann soll es wieder aus dem Kreis heraustreten.
15. Wenn Sie alle Ressourcen und Gefühle, die Ihr Kind für dieses Ereignis brauchen wird oder gerne hätte, gesammelt und geankert haben, soll es noch einmal in den Kreis springen.
16. Jetzt bitten Sie es, sich mit geschlossenen Augen vorzustellen, das bevorstehende Ereignis würde genau so verlaufen, wie es das gerne hätte. Schildern Sie ihm während dieser Visualisierung das Ereignis von Anfang bis Ende. Dabei soll es die Hand zur Faust ballen und fest drücken (wenn es das bei der ersten Runde so gemacht hat) oder Daumen und Mittelfinger zusammendrücken, dann werden diese wunderbaren Gefühle automatisch seinen Körper durchfluten, während es im Geiste das bevorstehende herausfordernde Ereignis probt. Fügen Sie Details hinzu, damit das Kind sehen kann, wie es gekleidet sein wird, erwähnen Sie die anderen Menschen, die dabei sein werden, bitten Sie das Kind, seine selbstsichere Haltung, seine Gefasstheit, den Klang seiner Stimme, sein Gefühl innerer Stärke wahrzunehmen, und weisen Sie auch auf das entspannte Lächeln in seinem Gesicht hin – das Zeichen, das ihm sagt, dass alles gut läuft.
17. Es kann sich vorstellen, der Kreis hätte eine Farbe – eine gute, kräftige Farbe, die für Ihr Kind Selbstvertrauen und Erfolg repräsentiert.
18. Während das Kind mit geschlossenen Augen in dem Kreis steht, soll es sich vorstellen, dass diese Farbe wie ein Nebel rings um es herum aufsteigt. Dabei kann sie sich in einer Spirale bis über seinen Kopf drehen und noch darüber hinaus steigen.
19. Als Krönung könnten Sie noch eine Prise Sternenstaub hinzufügen – warum nicht? Und Ihr Kind ermuntern, diesen Moment richtig zu genießen, in dem alles ganz genau so läuft, wie es das gerne hätte.
20. Dann kann es die Augen öffnen, die Hand entspannen und aus dem Kreis heraustreten.

Je mehr das geübt wird, desto stärker wird das Gefühl des Selbstvertrauens werden. Wenn dann das bevorstehende Ereignis wirklich da ist, kann das Kind entweder eine Faust machen oder Daumen und Mittelfinger zusammendrücken, dann werden all diese stärkenden Gefühle seinen Körper wieder durchfluten. Das wird ihm die Möglichkeit geben, so mit der Situation umzugehen, wie es das möchte – mit einer Extraportion Selbstvertrauen!

8.10 Eine strahlende neue Zukunft entwerfen

Viele der hier vorgestellten Techniken konzentrieren sich darauf, unerwünschte Gefühle zu eliminieren. Wenn jemand längere Zeit angstvoll oder depressiv war, kann es sich jedoch merkwürdig anfühlen, diese Gefühle loszulassen. Zwar sind sie unangenehm und unerwünscht, aber nach einer Weile gewöhnt sich der Körper daran und sie beginnen sich normal anzufühlen – und tatsächlich sind sie ja dann für den Betreffenden die „normale" Art und Weise, in der Welt zu sein.

Wenn man sie einfach löscht, hinterlässt das eine Lücke oder eine Leere, und wenn das unbehaglich wird, möchte die Seele die alten Gefühle wiederherstellen, denn *etwas* ist besser als nichts. Deshalb erzählen einem Menschen manchmal, sie hätten eine Therapie oder ein paar Strategien ausprobiert, um ihre Angst loszuwerden, und das hätte anfangs auch geholfen, aber dann wäre der Effekt verpufft. Das Problem ist oft, dass das neue Denken und Fühlen nicht gut genug eingebettet wurde.

Im Folgenden skizziere ich eine Technik, die Sie so anpassen können, dass Sie zu den Umständen Ihres Kindes passt:

ÜBUNG: Eine strahlende neue Zukunft entwerfen

1. Zunächst wird Ihr Kind einen Moment Ruhe brauchen, um sich an einem angenehmen Ort zu entspannen – das kann im Bett sein, gemütlich auf dem Sofa oder sogar in der Badewanne im warmen Wasser. Oder Sie könnten diese Übung auch draußen im Garten machen, wenn das Kind entspannt unter einem Baum liegt. Oder wenn es auf dem Rücksitz im Auto sitzt, während Sie irgendwo parken und auf jemanden warten. Es gibt oft eine Menge günstige Gelegenheiten im Lauf eines Tages – verschwenden Sie nie einen Augenblick.
2. Bitten Sie Ihr Kind, die Augen zu schließen und sich vorzustellen, es säße in einem Kino mit einer riesigen Leinwand.
3. Heute wird es einen sehr speziellen Film sehen – einen Film über seine strahlende neue Zukunft.

4. Suchen Sie nach einem geeigneten Titel für diesen Film. Und wie wäre es mit einer Filmmusik? Gibt es irgendein Lieblingsmusikstück, das Sie verwenden könnten? Eines, das Ihrem Kind helfen wird, sich in Bezug auf die Zukunft glücklich, motiviert und zuversichtlich zu fühlen?
5. Lassen Sie den Film anlaufen. Es ist ein kurzer Film, der in der Zukunft spielt und in dem Ihr Kind sehen kann, wie alles genau so läuft, wie es das gerne hätte. Es könnte dabei um einen Vorsprechtermin, ein Bewerbungsgespräch oder einen Bühnenauftritt gehen. Oder einen Besuch beim Zahnarzt, einen Arzttermin oder einen Krankenhausaufenthalt. Suchen Sie ein Ereignis aus, das Ihr Kind bei einer früheren Gelegenheit beunruhigt hat.
6. Wenn es den Film zu sehen beginnt, fordern Sie es auf, die Farben stärker, heller und strahlender zu machen und die Musik lauter.
7. Sagen Sie, es solle darauf achten, was es wahrnimmt. Kann es sich in diesem Film sehen? Sieht es sich herumlaufen und mit anderen Menschen sprechen? Was kann es sehen? Sagen Sie ihm, es brauche Ihnen nicht direkt auf die Fragen zu antworten, sondern solle nur aufmerksam sein und alles mitbekommen.
8. Bitten Sie es, alles *zu sehen, was es sieht, zu hören, was es hört, und wahrzunehmen, wie gut es sich fühlt,* während es diesen Film anschaut. Es ist jetzt in der Zukunft, und es läuft alles exakt so, wie es das gerne hätte.
9. Geben Sie dem Kind Zeit, diesen Moment wirklich auszukosten, und sagen Sie ihm, es könne alles tun, was nötig ist, um diesen Film noch schöner zu machen und noch glücklicher zu sein. Es ist der Star seines eigenen Films auf der Leinwand. Kann es beim Zuschauen Details an sich wahrnehmen? Was trägt es für Kleidung, wie geht es, wie bewegt es sich, welchen Gesichtsausdruck hat es? Im Idealfall sieht es sich voller Selbstvertrauen mit einem breiten, strahlenden Lächeln im Gesicht. Und wenn nicht, dann sagen Sie ihm, es solle tun, was immer nötig ist, um dieses Bild noch zehnmal schöner zu machen. Die Farben und die Töne zu verstärken wird dazu beitragen, auch die guten Gefühle zu intensivieren.
10. Nachdem Ihr Kind diesen Film eine Weile genossen hat, können Sie es bitten, die Augen zu öffnen und mit Ihnen zu besprechen, was es erlebt hat. Dieses Durchsprechen wird dazu beitragen, dass die entsprechenden Gedanken sich klarer in seinem Kopf herauskristallisieren.

Denken Sie daran, dass diese Übung dazu dient, Ihrem Kind zu dem Gefühl zu verhelfen, es könne mit allen Herausforderungen fertigwerden, die es im Augenblick in seinem Leben gibt, daher ist es wichtig, dass es sieht, wie es sein Ziel erreicht.

Teil 4

Die praktische Umsetzung

In diesem Teil werde ich Ihnen zeigen, wie ich die Techniken und Strategien, die ich in den bisherigen Teilen detailliert vorgestellt habe, bei einigen Kindern eingesetzt habe, die zu mir in meine Praxis in London gekommen sind. Wenn Sie diese Berichte lesen, werden Sie erkennen, wie auch Sie wirksam von diesen Werkzeugen Gebrauch machen können.

Sie werden feststellen, dass dieselben Techniken immer wieder auftauchen – das liegt daran, dass die Struktur einer Angst oder Phobie immer ziemlich gleich ist, obwohl die Einzelheiten beträchtlich variieren können.

Das Gute daran ist: Wenn Sie erst einmal verstanden haben, wie eine Angst entsteht, und sich ein Wissen darüber angeeignet haben, was man dagegen tun kann, können Sie mit den Ängsten Ihres Kindes besser umgehen.

Bitte halten Sie sich stets vor Augen, dass diese Techniken, so wirksam sie auch sein mögen, immer nur als „Erste Hilfe" angesehen werden sollten. Wenn Ihr Kind weiter unter einem Angstproblem leidet, das sich als schwer lösbar erweist, dann holen Sie sich bitte Unterstützung bei einer Fachkraft, die qualifizierte Hilfe bieten kann.

9. | Allgemeine Sorgen

Es ist leicht, Sorgen einfach als abgeschwächte Version ernsthafter Angst abzutun und zu glauben, man könne sie ignorieren. Aber der einzige Unterschied zwischen beidem ist, dass sich Sorgen im mentalen Bereich abspielen und Angst im Körper zu spüren ist. Beides ist eine Reaktion auf zukünftige Ereignisse, seien sie real oder nur vorgestellt. Wenn man nichts gegen Sorgen unternimmt, können sie in massive Ängste umschlagen und tun das auch oft. Daher ist es gut, sie im Keim zu ersticken.

Dabei ist es auch nicht gerade hilfreich, dass wir eine 24-Stunden-Gesellschaft geworden sind und ein endloser Nachrichtenstrom in unser häusliches Leben hereinflutet, ob wir wollen oder nicht. Wenn es irgendwo einen Terroranschlag oder eine sonstige Katastrophe gibt, ist es nicht immer leicht, unsere Kinder davor zu schützen, dass sie die grausigen Einzelheiten mitbekommen.

Wenn man Antworten auf Fragen und Sorgen in Bezug auf Dinge zu geben versucht, die nie geschehen sind und sehr wahrscheinlich auch niemals geschehen werden, kann das sehr anstrengend sein, sodass sich die Sorgen häufig noch tiefer in die Seele Ihres Kindes eingraben. Sie können aber vorsorglich einiges unternehmen, das Ihnen den Umgang damit wesentlich erleichtern wird:

1. **Seien Sie vorbereitet.** Es lohnt sich, dass Sie sich vorher im Geiste eine „Geschichte" zurechtlegen und sich überlegen, was Sie sagen werden und wie Sie es sagen werden. Wenn Angst das Ergebnis erschreckender Fernsehnachrichten ist, kann man nicht immer einfach eine tapfere Miene aufsetzen und dem Kind versichern, es gebe „keinen Grund zur Sorge". Fragen Sie andere Eltern, wie sie solche Situationen ihrem Kind erklären – dann bekommen Sie vielleicht ein paar nützliche Anregungen.

2. **„Kann mir das auch passieren?"** ist die erste Frage, die Ihrem Kind durch den Kopf schießen wird. Es wird sich fragen, wie sich das Ereignis auf seine eigene Sicherheit auswirkt und ob so etwas auch auf der Straße direkt vor seinem Haus passieren kann. Beruhigen Sie es damit, dass die Sache „weit, weit weg" passiert ist. Entfernung kann sich ein Kind manchmal schwer vorstellen, deshalb nehmen Sie am besten eine Landkarte oder einen Globus zu Hilfe und zeigen ihm, wie weit der Ort des Geschehens von zu Hause und von seiner Schule entfernt ist.

3. **Lassen Sie Ihrem Kind viel Zeit.** Setzen Sie sich für einige Zeit mit Ihrem Kind zusammen, vor allem am Abend, wenn es schlafen geht, und achten Sie aufmerksam auf seine Befürchtungen. Jedes Kind ist anders und hat, je nach Alter und

Temperament, eine andere Perspektive in Bezug auf die Nachrichten. Wenn Sie dem Kind in den Gesprächen allzu viele Informationen geben, können Sie es möglicherweise noch mehr beunruhigen, deshalb versuchen Sie besser, herauszufinden, was ganz genau ihm Sorgen macht. Vielleicht ist es gar nicht so schlimm, wie Sie denken, und manchmal genügt eine einfache Antwort.

4. **Zeigen Sie Mitgefühl.** Sagen Sie Sätze wie: *„Ich sehe, dass du beunruhigt bist/dir Sorgen machst/du Angst hast, und das ist auch verständlich. Was da passiert ist, ist schrecklich."*

5. **Meiden Sie negative Sätze wie:**
   - Mach dir keine Sorgen.
   - Hör einfach auf, darüber nachzudenken.
   - Jetzt rede doch nicht immer weiter davon, sonst wird es noch schlimmer.
   - Hör auf, darüber zu reden, du fängst ja schon an, deinem kleinen Bruder Angst zu machen! (Wenn Sie das sagen, brauchen Sie sich nicht zu wundern, wenn der „kleine Bruder" anfängt zu weinen.)

   Erinnern Sie sich daran, dass unser Geist die Worte, die wir denken oder hören, in Bilder umwandelt. Wenn Sie ein negatives Wort gebrauchen, wird Ihr Kind am Ende genau das tun, was Sie ihm ja gerade ausreden wollen – sich Sorgen machen!

6. **Versichern Sie Ihrem Kind, dass wir in Sicherheit sind.** Sagen Sie ihm, wenn etwas Schreckliches passiert, gäbe es viele Menschen, die sich um uns kümmern und für unsere Sicherheit sorgen – die Regierung, die Polizei, Lehrer und Lehrerinnen, Mütter und Väter. Sie würden dafür sorgen, dass uns so etwas nicht passiert, und sie würden auch die Übeltäter finden und ins Gefängnis stecken. Benutzen Sie dabei stets Worte, die den erwünschten Zustand widerspiegeln:
   - Es ist okay, wir sind alle in Sicherheit.
   - Wir können ruhig bleiben, denn das ist weit, weit weg passiert.
   - Wir können uns jetzt entspannen, denn es gibt viele Menschen, die sich für uns um diese Sache kümmern.
   - Die Sache ist jetzt zu Ende – sie ist vorbei!

7. **Benutzen Sie die Analogie eines falschen Alarms, um Angst zu erklären.** Vergleichen Sie die Angstgefühle Ihres Kindes mit einem Rauchmelder, der losgeht, wenn es in der Küche beim Kochen ein bisschen zu viel Rauch gibt. Der Rauchmelder kann nicht unterscheiden, ob das Haus brennt oder ob eine Scheibe Toast unter dem Grill schwarz wird – er wird in beiden Fällen gleich laut Alarm schlagen, aber im zweiten Fall ist es ein „falscher Alarm". Und wenn unser Körper in Angst oder Panik gerät, kann etwas Ähnliches passieren. Unser Körper „irrt sich" und schlägt ohne Grund Alarm – es besteht aber keine echte Gefahr.

Obwohl ich weiter vorne die Meinung vertreten habe, es sei gut, über Probleme zu sprechen, ist es manchmal am besten, auf Worte zu verzichten. Man kann sich bei dem Versuch, das Kind zu beruhigen, leicht völlig verheddern, und wenn man nicht weiter weiß, sind gar keine Worte manchmal besser als die falschen – in den Arm nehmen und drücken kann dann besser helfen.

Andernfalls versuchen Sie vielleicht verzweifelt, beruhigende Antworten auf Nöte zu finden, die eintreten können oder auch nicht, und Ihr Kind wird entschlossen immer weiter über seine Ängste und Sorgen reden:
„Ja, aber wenn ich hinkomme und es ist niemand da, mit dem ich spielen kann?“

Oder:
„Und wenn niemand neben mir sitzen will?“

Das sind häufige Sorgen in Bezug auf die Zukunft, aber keiner von uns hat eine Kristallkugel. Sie wissen nicht, was passieren wird, und wenn Sie so tun, als wüssten Sie es, könnten Sie die Lage noch verschlimmern.

Sie können anfangs Mitgefühl für Ihr Kind ausdrücken und etwa sagen:
„Ja, ich verstehe gut, wie du dich damit fühlst. So ähnlich hast du dich auch damals gefühlt, als du zur Party von James gegangen bist, nicht wahr? Und dann hast du dort ganz leicht ein paar Freunde gefunden, mit denen du spielen konntest.“

Manchmal genügt es schon, die Sorge anzuerkennen, damit sie verschwindet. Und dann empfehle ich, das Gespräch durch die folgende Übung zu unterbrechen.

ÜBUNG: Das Sorgenkästchen

1. Suchen Sie sich eine Schachtel oder ein Kästchen. Es kann ein alter Schuhkarton sein oder ein kleines, hübsch verziertes Kästchen, es muss nur einen Deckel haben, der sich leicht öffnen und schließen lässt. Beteiligen Sie Ihr Kind an der Suche und sagen Sie ihm, es könne jede Art von Behälter sein, die sich richtig anfühlt. Erklären Sie ihm, dass das künftig sein persönliches Sorgenkästchen sein wird.
2. Legen Sie einen kleinen Vorrat an Papier sowie bunte Filzstifte in das Kästchen. Jedes Mal, wenn Ihr Kind sich in seinen Sorgen verliert, bitten Sie es, sich zu überlegen, warum es sich so fühlt.
3. Dann nehmen Sie ein Blatt Papier aus dem Sorgenkästchen und bitten Ihr Kind, sich einen Farbstift auszusuchen. Es ist gut, wenn Sie eine breite Palette an Farbstiften bereithalten, weil Sie dann Ihr Kind fragen können, welche Farbe diese spezielle Sorge seiner Meinung nach hat.
4. Dann bitten Sie es, die Sorge aufzuschreiben oder ein Bild zu malen, das sie darstellt.

5. Wenn es fertig ist, bitten Sie es, das Blatt zusammenzufalten und in das Sorgenkästchen zu legen. Dann schließen Sie den Deckel gut und räumen es weg.

(Hinweis: Am besten bewahren Sie das Kästchen irgendwo außer Sichtweite, zum Beispiel oben auf einem Schrank, auf. Verstauen Sie es nicht im Zimmer des Kindes und schon gar nicht unter seinem Bett, sonst schläft Ihr Kind „auf seinen Sorgen", und das ist keine gute Idee.)

6. Durch das Aufschreiben der Sorge hat Ihr Kind dem Unterbewussten eine wichtige Botschaft gesendet und ihm klargemacht, dass seine emotionale Botschaft laut und deutlich angekommen ist und entsprechendes Handeln bewirkt hat.
7. Jedes Mal, wenn wieder eine Sorge Ihren Sprössling zu drücken beginnt, führen Sie diese Prozedur erneut durch. Bitten Sie ihn, den Kummer aufzuschreiben oder zu malen, das Papier zusammenzufalten und es in das Kästchen zu legen.
8. Nach überraschend kurzer Zeit werden Sie feststellen, dass die Sorgen sich in Luft aufzulösen beginnen und aufhören, Ihr Kind ständig zu behelligen.
9. Am Ende der Woche setzen Sie beide sich jeweils zusammen, öffnen das Kästchen und nehmen alle beschriebenen Zettel heraus. Lesen Sie die Sorgen zusammen durch und lassen Sie sich von der Entdeckung überraschen, dass sich die meisten von alleine erledigt haben, ohne dass das Kind oder Sie in irgendeiner Weise aktiv werden mussten.

Denken Sie daran – die meisten Dinge, über die wir uns Sorgen machen, treten nie ein.

Resilienz entwickeln

In der heutigen Gesellschaft halten wir in immer vielfältigerer Weise unseren Kindern „den Spiegel vor" und weisen sie auf ihre Schwächen und Unzulänglichkeiten hin. Dank der neuen „Selfie-Kultur" kann man einen Pickel auf der Nasenspitze nicht so leicht verbergen und strähniges, fettiges Haar auch nicht. Und in der Schule ist es genauso. Ständige Klassenarbeiten und Prüfungen bedeuten, dass die heutigen Kinder mehr und viel früher als jede Generation vor ihnen „gewogen, gemessen und getestet" werden. Kein Wunder, dass wir ängstliche, angespannte Kinder haben, denen es an Selbstsicherheit fehlt, in die große, weite Welt hinauszugehen.

Ein häufig zitiertes Sprichwort besagt, das Leben sei ein Kontaktsport, sodass wir uns früher oder später unvermeidlich Verletzungen holen. Wenn Sie die Widerstandsfähigkeit Ihres Kindes stärken, wird es gegen Schläge und Misserfolge im Leben gewappnet sein. Resilienz verleiht ihm die Fähigkeit, wieder aufzustehen, den Staub abzuklopfen und weiterzumachen.

Resiliente Kinder

- haben die Fähigkeit, nach negativen Erfahrungen wieder ins Gleichgewicht zu kommen;
- sind tendenziell optimistischer eingestellt;
- können angesichts von Schwierigkeiten kreativ denken;
- sind sozial kompetent und haben enge Freundschaften;
- können gut kommunizieren.

Resilienz ist eine Fähigkeit, die jeder erwerben kann, und da Ihr Kind sehr wahrscheinlich nicht jede Prüfung bestehen wird, nicht bei jedem Bewerbungsgespräch mit Handkuss genommen wird und wohl auch erleben wird, dass der Weg der wahren Liebe manchmal steinig sein kann, ist Widerstandsfähigkeit eine wertvolle Ressource.

Als Schlüsselfigur im Team derer, die Ihr Kind unterstützen, haben Sie viele Möglichkeiten:

1. Sie können ihm helfen, negative Erfahrungen als normalen Teil des Alltagslebens anzusehen. Es ist nicht automatisch eine Katastrophe, wenn einmal etwas schiefgeht; es bedeutet einfach, dass man eine andere Lösung finden muss. Sprechen Sie offen über Fehler, die Sie vielleicht selbst gemacht haben, und lachen Sie darüber: *„Ich Dussel hab die Autoschlüssel in den Kühlschrank gelegt!“ „Dieses Rezept war kein Volltreffer, nicht wahr? Ich fand den Geschmack ziemlich merkwürdig. Nächstes Mal probiere ich es ohne Tomaten und nehme stattdessen Karotten.“* Tun Sie nicht so, als wäre immer alles perfekt.

2. Wenn Ihr Kind immer wieder scheitert, überprüfen Sie bitte, ob es sich nicht unrealistische Ziele setzt. Helfen Sie ihm, Ziele in Teilziele zu zerlegen, damit sie leichter zu bewältigen sind.
3. Bringen Sie Ihrem Nachwuchs bei, Probleme zu lösen, indem Sie bei einem Ihrer „Familientreffen" ein Brainstorming machen und mit Ideen spielen. Nicht jede Idee, die auftaucht, wird ein Treffer sein, aber das ist ein natürlicher Teil des Prozesses. Schreiben Sie die Ideen auf und sagen Sie Ihrem Kind, das Ziel sei, zehn verschiedene Lösungen für jedes Problem vorzuschlagen, so verrückt sie auch sein mögen, und dann können Sie diejenigen aussortieren, die Sie nicht umsetzen möchten.
4. Engagieren Sie sich mehr an der Schule, ob Sie als Eltern Kuchen für das Schulfest backen, beim Aufbau des Bühnenbildes für das Theaterstück am Schuljahrsende mithelfen oder Ihr Kind dazu ermuntern, dem Chor oder einer Sportmannschaft beizutreten. Wenn Sie an schulischen Ereignissen außerhalb des Unterrichts als ganze Familie teilnehmen, gibt das Ihrem Kind das Gefühl, dass es wirklich dorthin gehört.
5. Das Wichtigste ist, dass Sie selbst ein Vorbild für das Verhalten sind, das Sie bei Ihren Kindern sehen möchten. Demonstrieren Sie in Ihren eigenen Beziehungen eine gute Kommunikationsfähigkeit und praktizieren Sie die Fähigkeiten, die eine schnelle Erholung fördern, immer mehr in Ihrem eigenen Alltag.

Der Umgang mit negativem Denken

Negatives Denken ist eine schlechte Gewohnheit, in die viele Kinder (und natürlich auch Erwachsene) hineinrutschen. Wenn man dem nicht entgegentritt, nagt es zunehmend am Selbstvertrauen, deshalb achten Sie bitte darauf, wie Ihr Kind spricht, und formulieren Sie die Sätze so um, dass sie ins Positive gedreht werden.

So kann Ihr Kind beispielsweise sagen:
„In der neuen Schule wird es niemanden geben, der mich mag."

Dann ist die Versuchung groß, zu antworten:
„So ein Unsinn, natürlich wird dich jemand mögen."

Besser ist es jedoch, eine umfassendere, überlegtere Antwort mit einer positiven Perspektive zu geben:
„Ich verstehe gut, dass du dir Sorgen machst, du könntest keine neuen Freunde finden, aber der Vorteil einer größeren Schule ist, dass es dort viel mehr Kinder gibt, unter denen du wählen kannst, als bisher in deiner Grundschule. Deshalb sind die Chancen, dass du dort neue Freunde kennenlernen wirst, mit denen du dich gut verstehst, aus-

gesprochen groß. Wahrscheinlich werden auch ein oder zwei Kinder dabei sein, die du nicht so gerne magst und sie dich auch nicht, und die sind dann nicht so wild darauf, mit dir zu spielen, aber das kannst du einfach als Chance ansehen, dich anderen Kindern zuzuwenden und sie kennenzulernen.“

Oder:
„Müssen wir unbedingt Großmama besuchen? Dort ist es immer so langweilig!“

Sagen Sie dann lieber nicht:
„Natürlich müssen wir. Hör auf zu stöhnen, denn wenn wir dort sind, wird es dir gut gefallen.“

Besser wäre eine Antwort, die einen neuen Rahmen schafft, wie etwa:
„Ich weiß, dass es nicht so ist wie zu Hause, wo du deine Computerspiele hast, und deine Freunde hast du dort auch nicht, aber erinnere dich mal daran, wie viel Spaß du letztes Mal dort hattest. Als du mit Großmamas Hund Rolo am Fluss spazieren gegangen bist, ist er hineingesprungen und hat die Schwäne gejagt und uns alle zum Lachen gebracht. Ich bin mal gespannt, was er dieses Mal anstellt.“

Negatives Denken kann zusammen mit Nörgeln, Quengeln und Jammern leicht zu einer Gewohnheit werden, die schwer wieder loszuwerden ist. Wenn Sie die Denkmuster Ihres Kindes immer wieder umdrehen, schiebt das dieser Gewohnheit einen Riegel vor. Und denken Sie daran, auch sich selbst im Auge zu behalten. Kann es sein, dass Ihre eigene negative Perspektive der Nährboden für die Negativität Ihres Kindes ist?

Positives Denken

ÜBUNG: Positives Denken fördern

1. Ermuntern Sie Ihr Kind dazu, ein Tagebuch zu führen. Es kann entweder ein Notizbuch nehmen, um Ereignisse aufzuschreiben, zu zeichnen oder herumzukritzeln, oder auch sein Smartphone oder Tablet. Und es kann diesem Tagebuch jeden Namen geben, der ihm gefällt: Glückstagebuch, Sonnenscheinbuch und so weiter.
2. Bitten Sie Ihr Kind, jeden Tag drei positive Dinge aufzuschreiben, die es erlebt hat. Das können anfangs sehr einfache Dinge sein, zum Beispiel: Zum Mittagessen gab es Pizza und das ist mein Lieblingsessen; der Mathelehrer hat vergessen, uns Hausaufgaben zu geben; heute schien die Sonne und wir haben draußen gespielt.

Wiederholen Sie diese Übung täglich. Wenn es Ihrem Kind widerstrebt, sich jeden Tag hinzusetzen und das zu machen, dann flechten Sie diese Technik ins Gespräch ein, entweder im Auto auf dem Heimweg von der Schule oder wenn Sie alle beim Essen um den Tisch sitzen oder am Abend im Badezimmer. Sie können die Sache in Schwung bringen, indem Sie von etwas richtig Gutem berichten, das Sie selbst an diesem Tag erlebt haben, und dann reihum weitermachen.

Wenn Ihrem Kind keine drei positiven Dinge einfallen, die es im Lauf des Tages erlebt hat, dann empfehle ich Ihnen, die Zahl zu erhöhen und sie auf fünf oder zehn festzusetzen. Das mag Ihnen merkwürdig vorkommen, aber es wird Ihrem Kind helfen, den Geist zu weiten, sodass es kleinere, weniger bedeutende Ereignisse wahrzunehmen beginnt, etwa dass ein Schmetterling ins Zimmer geflogen kam oder dass es sein Lieblingsprogramm im Fernsehen anschauen konnte.

Machen Sie sich klar, dass das Wichtige daran die Ausrichtung der Denkmuster ist, die Ereignisse selbst spielen keine große Rolle. Ist der Stein erst einmal ins Rollen gekommen und stimmt die Richtung, werden Sie schnell sehen, dass dieses Denken für Ihr Kind etwas ganz Natürliches wird.

10. Auftrittsangst, Vorsprechen, Bewerbungsgespräche

Singt und bewegt sich Ihr Kind im geschützten Raum des Badezimmers wie ein kleiner Superstar und windet sich vor Verlegenheit, wenn es vor anderen auftreten soll?

Wir alle möchten Kinder voller Selbstvertrauen, aber vielleicht ist es sinnvoll, zuerst einmal darüber nachzudenken, was Selbstvertrauen eigentlich ist – wie unterscheidet es sich von Selbstachtung und woher wissen wir, ob wir es haben?

Wir haben alle schon Kinder gesehen, die auf dem Spielplatz herumstolzieren und ständig angeben und sich großtun. Sie sind immer ein bisschen zu ausgelassen und laut und drängen die anderen beiseite, um die Ersten in einer Schlange zu sein. Kaum jemand von uns hätte gerne Nachwuchs, der sich so benimmt, weil es ziemlich offensichtlich ist, dass ein nach außen hin übermäßig selbstsicher wirkendes Auftreten nicht dem entspricht, was ein Mensch im Inneren fühlt. Es dient einfach dazu, Gefühle der Unsicherheit zu übertünchen, und solche Kinder haben kein echtes Selbstvertrauen.

Selbstvertrauen ist die Überzeugung, dass man etwas erfolgreich meistern kann. Es ist möglich, in einem bestimmten Bereich des Lebens voller Selbstvertrauen zu sein, aber zugleich in einem anderen total unsicher. Vielleicht haben Sie großes Vertrauen in Ihre Kochkünste, fühlen sich aber völlig überfordert, wenn Sie Steuerformulare ausfüllen sollen.

Ihre Selbstachtung hingegen hängt mit einem allgemeinen Gefühl von persönlichem Wert oder Selbstwert zusammen. Diese Eigenschaft ist nicht sehr veränderlich, weil es dabei mehr darum geht, wie Sie sich ganz allgemein als Person sehen, und nicht um Ihre Fähigkeit, eine spezielle Aufgabe zu erfüllen. Wenn Sie über die Werte Ihrer Familie sprechen (zum Beispiel über Ehrlichkeit, Vertrauen, Arbeit, Spiritualität und so weiter), wird das die Entwicklung dieses Teils der Identität Ihres Kindes erleichtern und fördern. Es wird dann ein Gefühl dafür bekommen, wer und was es von der Orientierung der Familie her ist.

Selbstvertrauen baut man dadurch auf, dass man aktiv wird und schwierige Dinge ausprobiert – die Komfortzone verlässt. Es geht nicht darum, perfekt zu sein, sondern darum, Hindernissen entgegenzutreten und zu erkennen, dass auch ein Scheitern in Ordnung ist – man kann es ja immer noch einmal probieren.

In den ersten Lebensjahren entwickelt sich Selbstvertrauen daraus, dass man mit Erfolg Dinge zu Hause selbstständig macht – je mehr Gelegenheiten dazu Sie dem Kind bieten können, desto besser. Auch Ihre Geduld wird dabei eine Rolle spielen. Wenn Sie nicht geduldig abwarten können, bis Ihr Kind seine Schnürsenkel gebunden hat, eine Treppe hinaufgeklettert ist oder sein Essen zerkleinert hat, schmälern Sie sein Selbstvertrauen. Wenn Sie selbst zupacken, um den Gang der Dinge zu beschleunigen, oder Zeichen von Ungeduld und Frustration an den Tag legen, ist das nicht förderlich für Erfolgsgefühle.

Ganz ähnlich ist es, wenn Sie Ihrem Nachwuchs sagen, er würde sein Gedicht nicht gut genug aufsagen und solle sich mehr anstrengen: Das wird nicht dazu führen, dass Ihr Kind sich auf die Bühne stellt und eine oscarverdächtige Darbietung liefert. Wenn Sie negative Sätze benutzen wie *„Sprich nicht so leise – sonst kann dich niemand hören"*, wird das gewährleisten, dass Sie genau das bekommen: ein leises Kind, das niemand hören kann.

Hannah – 14 Jahre alt

Hannah war die Hauptrolle in einer Schulaufführung ihrer Klasse angeboten worden, und sie war im Zwiespalt, ob sie sie annehmen sollte. Fairerweise muss man sagen, dass sie nicht der ideale Typ für eine Starrolle war, weil sie von Haus aus eher zurückhaltend war. Doch dieses Jahr sollte ein Musical aufgeführt werden, und Hannah konnte gut singen, wie alle wussten, und sie sang mit Begeisterung. Mit einer Lehrerin zusammen im Musikunterricht zu singen war jedoch etwas ganz anderes, als auf einer Bühne aufzutreten. Sie hatte dazu bisher nur wenig Gelegenheit gehabt, und das war einer der Gründe dafür, dass ihr die Lehrer die Hauptrolle in dem Stück angeboten hatten.

Hannah war nervös, und zu ihren größten Sorgen gehörte, dass sie fürchtete, rot zu werden, sobald sie die Bühne betrat. Sie ärgerte sich über sich selbst und war frustriert wegen ihrer Ängste. Wie sie mir sagte, übte sie zu Hause oft in ihrem Zimmer vor dem Spiegel Singen und wusste, dass sie einen richtig guten Auftritt hinlegen konnte, aber sobald sie vor einem Publikum stand, hatte sie das Gefühl, ganz klein zu werden. Sie wollte gerne wissen, warum das so war.

Ich erklärte ihr, das sei eine ganz natürliche Reaktion – Menschen hätten ein einprogrammiertes Bedürfnis, von ihren Mitmenschen angenommen zu werden, weil unser Überleben von der Zugehörigkeit von einer Gruppe abhängig ist. Wenn wir uns in den Vordergrund stellen und der Beurteilung aussetzen, könnten wir diese Zugehörigkeit gefährden – daher kämen ihre Ängste.

Um Hannah zu helfen, unternahm ich die folgenden Schritte:

Schritt 1: TFT – Klopftechnik

Wie Sie sehen werden, setze ich häufig diese Klopftechnik ein (S. 83), ehe ich irgendwelche anderen Übungen mache. Ich finde, sie trägt sehr dazu bei, eine überhitzte Situation etwas abzukühlen, und bei Hannah empfand ich sie als ganz besonders angebracht, weil sie ihre Angst vor dem Erröten erwähnt hatte.

Schritt 2: Das Erröten stoppen – sofort

Wir alle haben schon Augenblicke der Befangenheit erlebt, die ein uns peinliches Erröten ausgelöst haben – meistens im Gesicht. Dieses Erröten aus Verlegenheit hängt mit unserem Kampf-oder-Flucht-System zusammen. Wenn Sie in eine unbehagliche Situation geraten, reagiert Ihr Körper automatisch mit einem Adrenalinstoß, der dann Atmung und Herzschlag beschleunigt und Ihren Muskeln die Kraft verleiht, notfalls vor dem wegzulaufen, was Sie als Gefahrenquelle wahrnehmen.

Adrenalin führt auch dazu, dass sich Ihre Blutgefäße erweitern, damit der Blutfluss erhöht und die Sauerstoffversorgung verbessert werden kann, und das geschieht beim Erröten. Die Gefäße im Gesicht erweitern sich, und da dann mehr Blut hindurchfließt, wird Ihr Gesicht rot.

Ich bat Hannah, sich an die letzte Gelegenheit zu erinnern, bei der sie rot geworden war. Dann fragte ich sie, ob sie noch wisse, was ihr dabei durch den Kopf gegangen sei. Sehr oft denken die Menschen etwas wie: *„Oh nein, ich glaube, ich werde rot. Ja, genau, ich weiß es – ich werde rot. Ich hoffe, dass niemand es merkt. Ich spüre es – ich fange an, rot zu werden. Super, das ist das Letzte, was ich wollte – ein knallrotes Gesicht!“*

Hannah stimmte zu, dass es bei ihr auch so gewesen sei, und erkannte genau, warum ihr Gesicht rot wurde. Ihr innerer Dialog enthielt einen Befehl, ihr Kopf erzeugte ein Bild, und ihr Körper folgte – und tat genau, was sie ihm gesagt hatte.

Ich erklärte ihr, sie könne das leicht unter Kontrolle bringen, indem sie ihrem Körper einen anderen Befehl gab. Wenn sie das nächste Mal wieder spüren würde, dass dieser Adrenalinstoß einsetzt, der ihr signalisiert, ihr Gesicht könnte rot werden, brauchte sie lediglich zu sagen:
„Ich glaube, ich werde BLAU – ja, tatsächlich – ich werde BLAU. Ich kann spüren, wie das BLAU sich in meinem Gesicht, auf meiner Brust und sogar bis in die Arme hinunter ausbreitet – ich werde BLAU.“

Da wir normalerweise das Gefühl haben, die Hitze steige in unserem Gesicht auf, weisen Sie das Gefühl an, abwärts zu wandern. Also:
„Ich kann spüren, wie das BLAU vom Scheitel nach unten fließt, durch mein Gesicht hindurch, meine Augen, meine Wangen … meinen Hals, meine Schultern und meine Brust hinunter. Ja, ich werde definitiv BLAU."

Und Sie können auch eine andere Suggestion hinzufügen, etwa dass ein Eimer Eis über Sie ausgekippt wird oder zwei Eiswürfel auf Ihrem Kopf liegen.

Sie können das ausprobieren – es klappt!

Schritt 3: Umdeuten

Ich wies Hannah auch darauf hin, dass sich das Gefühl der Nervosität sehr ähnlich anfühlt wie das Gefühl der Aufregung, und sagte ihr, sie solle genau hinschauen, ob sie die beiden nicht miteinander verwechsle. Häufig beschreiben sehr gute Schauspielerinnen und Sänger, dass ein Gefühl von Verkrampfung im Magen, schweißnasse Handflächen und ein rasender Herzschlag für sie Signale sind, dass sie aufgedreht und bereit sind, die Bühne zu betreten – sie wissen, dass sie in einer hohen Erregung sind! Und diese Signale sind jenen für Angst sehr ähnlich.

Es war Zeit, Hannahs Gefühle umzudeuten, und ich schlug ihr vor, ihren inneren Dialog zu verändern und ab jetzt zu sagen: *„Ich bin aufgeregt, und ich freue mich darauf, zu singen"*, sooft sie das Gefühl des Kribbelns im Bauch spürte.

Schritt 4: Die Gefühle umdrehen

Der nächste Schritt zur Bekämpfung der Unruhe im Bauch war die Anwendung der Umdreh-Übung („Die Drehrichtung von Gefühlen umkehren", S. 96). Hannah konnte die Drehrichtung ihrer Gefühle ändern und sorgte auch dafür, dass sie sich zehnmal schneller drehten als vorher, um das neue Wohlgefühl zu verstärken.

Schritt 5: Ein Anker für Selbstvertrauen

Es ist wichtig, immer daran zu denken, dass man eine Portion besonders gute Gefühle installieren sollte, nachdem man daran gearbeitet hat, unerwünschte Angstgefühle zu beseitigen, andernfalls wird Ihr Körper das Gefühl haben, es gebe da eine Art „Leerraum". Wenn Sie ihn leer lassen, wird Ihrem Kopf sehr schnell etwas einfallen, mit dem er die Leere wieder füllen kann. Und dieses „Etwas" sind oft genau dieselben unerwünschten Gefühle, für deren Beseitigung man gerade viel Zeit aufgewendet hat, denn das wird sich am allernormalsten anfühlen.

Ich arbeitete also mit Hannah daran, einen Anker für Selbstvertrauen zu erzeugen (S. 102). Dafür bat ich sie, sich drei Gelegenheiten in der Vergangenheit zu überlegen, bei denen sie sich wirklich voller Selbstvertrauen gefühlt und hervorragend gesungen hatte.

Zwei Beispiele fielen ihr ein – das erste war, dass sie einmal die Chance gehabt hatte, ein paar Songs in einem Tonstudio aufzunehmen, was ihre Eltern für sie arrangiert hatten. Das zweite war, dass sie einmal ein Solo im Kirchenchor gesungen hatte.

Als sie versuchte, sich noch an eine dritte Gelegenheit zu erinnern, bei der sie sich voller Selbstvertrauen gefühlt und ihre ganze Seele ins Singen gelegt hatte, fiel ihr keine mehr ein. Ich erinnerte sie daran, dass sie mir erzählt hatte, sie singe oft vor dem Spiegel in ihrem Zimmer und liebe es, die Songs dann so richtig laut zu schmettern und sich dabei wie eine professionelle Sängerin zu fühlen, also benutzten wir auch dieses Szenario.

Ich „ankerte" die drei Erinnerungen und zeigte ihr, wie sie ihren Anker für Selbstvertrauen bei der Aufführung ihres Schulmusicals aktivieren konnte. Zum Glück hatte Hannah bis zur Premiere noch sechs Wochen lang Proben, sodass sie Zeit hatte, die Arbeit zu testen, die wir gemeinsam geleistet hatten. Wie erwartet, war ihr Auftritt im Musical ein Erfolg, und als ich ein paar Wochen später mit ihrer Mutter sprach, erzählte sie mir, Hannah nutze auch weiterhin regelmäßig die neu gelernten Techniken und man könne sehen, wie sehr dadurch ihr Gefühl des Selbstsicherheit ganz allgemein gewachsen sei.

11. Angst vor Hunden

In diesem Kapitel werde ich mich auf Imani konzentrieren, die wegen einer Hundephobie zu mir kam, aber dieselbe Vorgehensweise kann auch angewandt werden, um andere Phobien anzugehen, die vielleicht als Folge eines hässlichen Erlebnisses entstanden sind.

Eine Umfrage, die 2016 vom Dogs Trust durchgeführt wurde, ergab, dass von 2000 befragten Eltern 37 Prozent sagten, ihre Kinder hätten Angst vor Hunden. Von diesen wiederum meinten 25 Prozent, die Angst beeinträchtige das Alltagsleben ihres Kindes. Einer von sieben der Erwachsenen gab zu, ebenfalls Angst zu haben, häufig als Ergebnis einer schlechten Erfahrung in der Kindheit.

Ich kann gut verstehen, dass die Zahlen so hoch sind, und habe viel Mitgefühl mit den Betroffenen, denn auch ich hatte, seit ich fünf Jahre alt war, schreckliche Angst vor Hunden und kann mich mühelos an die Gefühle von Panik erinnern, die sich in meinem Körper ausbreiteten, sobald ein Hund auch nur in meine Nähe kam. Ich habe diese Angst nicht wirklich überwunden, bis ich mir selbst einen Hund zugelegt habe, und wenn ich jetzt mit ihm spazieren gehe, empfinde ich noch immer ein leises Gefühl von Unbehagen, wenn ich einen Hund entdecke, von dem ich glaube, er könnte Ärger machen. Das sehe ich aber als etwas Gutes an – dass wir Menschen die Fähigkeit haben, ein Problem schon im Voraus erkennen zu können, sorgt für unsere Sicherheit, und ich möchte nicht in eine Verfassung geraten, in der ich diese Gefühle nicht mehr wahrnehmen kann. Der einzige Unterschied bei mir ist, dass ich heute glaube, ich könnte mich einer problematischen Situation mit Zuversicht stellen, wenn eine entstehen sollte – und genau so sollte es sein.

Intensive Ängste und Phobien beginnen meist damit, dass man mit etwas in Kontakt kommt – in diesem Fall mit einem Hund –, das einem Angst einjagt. Oder sie entstehen daraus, dass man von einer schlimmen Erfahrung von jemand anderem hört oder etwas mit ansieht, sei es im wahren Leben oder im Fernsehen. Erinnern Sie sich daran, dass das emotionale Gehirn den Unterschied zwischen der Realität und einem erfundenen Horrorfilm nicht erkennen kann.

Dann springt die Kampf-oder-Flucht-Reaktion an – Herzklopfen, flache Atmung, flaues Gefühl im Magen, bleischwere Beine und Füße –, die sich scheußlich anfühlt, und wir lernen, dass wir diese Situation meiden müssen, wenn wir uns nicht noch einmal so fühlen wollen. Vermeiden wollen wir dabei das unangenehme Gefühl – und nicht den Hund. Aber die beiden werden untrennbar miteinander verbunden und so scheint es das Vernünftigste zu sein, dem Hund aus dem Weg zu gehen.

Wie ich in Kapitel 2 erklärt habe, gehört zu den klugen Dingen, die unser Gehirn macht, dass wir „Generalisierungen“ vornehmen. Das bewahrt uns davon, dass wir jedes Mal neu lernen müssen, wie man eine Tür öffnet, wenn wir vor einer anderen stehen. Sobald wir eine gewisse Anzahl unterschiedlicher Türen geöffnet haben, sind wir zuversichtlich, dass wir schnell dahinterkommen, wie wir jegliche Tür aufbekommen, vor der wir ab jetzt stehen. Das ist die Lichtseite der Generalisierung.

Die Schattenseite ist, dass wir nur einem einzigen unfreundlichen, „bösen“ Hund zu begegnen brauchen, um sofort eine Verallgemeinerung vorzunehmen und zu glauben, alle Hunde, ganz gleich welcher Größe, Farbe und Rasse, seien gefährlich und müssten um jeden Preis gemieden werden.

Eltern entscheiden sich oft für die „Strategie der Vermeidung“, weil sie entweder schon mürbe sind oder keine anderen Möglichkeiten sehen – es scheint im Moment das Vernünftigste zu sein. Kurzfristig klappt das auch gut, aber auf lange Sicht verschlimmert es das Problem. Hier werde ich Ihnen einige andere Möglichkeiten an die Hand geben.

Imani – 8 Jahre alt

Imani entwickelte eine mächtige Angst vor Hunden, nachdem bei einem Waldspaziergang mit ihren Eltern ein großer, lebhafter Dalmatiner auf sie zugesprungen war. Sie erschrak nicht nur über die allzu große Begeisterung des Hundes, sondern auch darüber, dass er sie anzubellen begann, als sie ihn anschrie, er solle weggehen. Je lauter sie brüllte, desto lauter bellte der Hund. Imani kam der Hund riesig vor – sie hatte das Gefühl, er sei fast so groß wie sie selbst. Vollends den Rest gab ihr, dass ihr Lieblingsfilm *101 Dalmatiner* war, sodass in ihrer Vorstellung alle Dalmatiner niedliche kleine Welpen waren: Sie war tief schockiert, dass ihr so etwas passieren konnte. Ihr Vertrauen in Hunde war vollkommen dahin.

Schritt 1: Allmähliche Desensibilisierung

Es ist ganz natürlich, die Dinge schwarz-weiß zu sehen – entweder ich habe Angst vor Hunden oder ich habe keine. Wenn wir uns dann vorzustellen versuchen, wir hätten keine Angst, kann das ein zu großer Sprung sein, daher zieht es uns automatisch wieder zu unseren Angstgefühlen zurück. Schließlich ist diese Angst für den Körper ein vertrauter Zustand, und obwohl er unangenehm ist, kann er sich sicherer anfühlen als die Vorstellung, man sei ein Mensch, der in Anwesenheit von Hunden voller Selbstvertrauen ist.

Ich schlug einige erste Schritte vor, die Imanis Eltern machen konnten:

1. Die Ängste anerkennen und mit dem Kind darüber sprechen, was es damals empfunden hat – erinnern Sie sich daran, dass es einer schlimmen Situation den Stachel nehmen kann, Gefühle in Worte zu fassen.
2. Immer wieder daran erinnern, dass nicht alle Hunde unangenehm sind und gefürchtet werden müssen. Hier ging es nur um einen einzigen, speziellen Hund, der in allzu große Aufregung geraten war.
3. Eine Pinnwand im Zimmer des Kindes aufhängen. Sie können nach Fotos von sympathisch aussehenden Hunden Ausschau halten, entweder in Illustrierten oder im Internet, und dann die Bilder ausschneiden oder ausdrucken. Dann heften Sie sie an die Pinnwand, wo sie regelmäßig betrachtet werden sollten. Weisen Sie darauf hin, dass es Hunde in allen möglichen Größen und von ganz verschiedenem Aussehen und Temperament gibt. Betonen Sie das immer wieder: Nicht alle Hunde sind gleich – genau wie bei den Freunden in der Schule, manche mag das Kind besonders gern und andere weniger.
4. Lesen Sie Geschichten und schauen Sie Filme an, in denen ein wunderbarer Hund die zentrale Figur ist.
5. Kaufen Sie einen kuscheligen Plüschhund zum Spielen. Oder ein T-Shirt mit einem Hundemotiv.
6. Rücken Sie Hunde in ein positives Licht, indem Sie im Internet nach Hunden suchen, die Menschen helfen – zum Beispiel Blindenhunde oder Signalhunde für Gehörlose, Rettungshunde, die Lawinenopfer erschnüffeln können, Hütehunde, die Schafherden zusammentreiben, und so weiter.
7. Gehen Sie zusammen in den nächsten Park und setzen Sie sich auf eine Bank, um Hunde aus der Ferne beobachten zu können.
8. Tun Sie sich mit einem Freund oder einer Freundin mit einem zuverlässig wohlerzogenen Hund zusammen und gehen Sie gemeinsam spazieren.
9. Ermöglichen Sie dem Kind, einen lieben Hund zu berühren und zu streicheln.

Das ist nur ein Beispiel dafür, wie eine allmähliche Desensibilisierung angegangen werden könnte – vielleicht fallen Ihnen noch weitere geeignete Schritte ein, die Sie ebenfalls einfügen können. Dabei sind Sie vielleicht in Versuchung, diese Schritte möglichst zügig durchzuziehen, aber wenn Sie sich bei jedem einzelnen Zeit lassen, ehe Sie zum nächsten weitergehen, haben Sie wesentlich größere Erfolgsaussichten.

Schritt 2: Negativem Denken entgegenwirken

Ich bat Imanis Eltern, ihr zu helfen, sich an andere Gelegenheiten zu erinnern, bei denen sie zuerst ängstlich war, dann aber Mut fasste, zum Beispiel als es darum ging, ins Schwimmbecken zu springen, ohne Stützräder Rad zu fahren, zur Party einer

Freundin zu gehen, vor der ganzen Klasse laut zu sprechen oder bei der Aufführung des Klassenspiels mitzumachen. Es ist wichtig, ihr den Gedanken nahezubringen, dass sie sich vielleicht gerade wie ein Angsthase fühlt, aber schon mit anderen Herausforderungen fertigwerden musste und bewiesen hat, dass sie sie erfolgreich meistern kann.

Schritt 3: TFT-Klopftechnik

Imani empfand weiterhin Angst, sooft sie sich an die Begegnung mit dem Hund im Wald erinnerte. Ich zeigte ihr, wie sie die Klopftechnik (S. 83) anwenden konnte, und riet ihren Eltern, die Punkte mindestens eine Woche lang jeden Abend und Morgen durchzuklopfen. Das würde helfen, die Angst wieder abzubauen, die sich in den wenigen Wochen seit dem unglücklichen Vorfall aufgebaut hatte.

Schritt 4: Angstbesetzte Bilder verändern

Imani sah auch weiterhin unangenehme Bilder vor ihrem inneren Auge, besonders am Abend, wenn sie einschlafen wollte. Sie konnte den Hund im Wald deutlich vor sich sehen – sie sah seine Zähne und hörte ihn bellen. Je mehr sie ihn zu vergessen suchte, desto schwerer wurde es.

Ich zeigte ihr, wie sie die magische TV-Fernbedienung (S. 88) dazu nutzen konnte, diese Bilder und Geräusche zu verändern. Ich forderte sie auf, das Bild dieses Hundes jetzt gleich so weit schrumpfen zu lassen, dass er nur noch ein winziges Geschöpf war, das ihr bloß bis zum Knöchel reichte. Dann forderte ich sie auf, den Fernsehkanal umzuschalten und einen zu wählen, auf dem nur niedliche Hunde zu sehen waren – sie konnte ihre Lieblingshunde von ihrer Pinnwand nehmen.

Zwei Wochen später ...

Imani kam wieder und fühlte sich wesentlich ruhiger. Ich wiederholte die Klopftechnik und überprüfte, ob sie effektiv mit der TV-Fernbedienungs-Technik umgehen konnte.

Schritt 5: Anker für Selbstvertrauen

Irgendwann wollten wir Imani bitten, wieder mit ihren Eltern einen Spaziergang im Wald zu machen. Ich wollte ihr etwas mitgeben, das sie mitnehmen konnte, um sich mutig zu fühlen, und setzte bei ihr einen Anker für Selbstvertrauen (S. 102).

Schritt 6: Eine strahlende neue Zukunft entwerfen

Wir beendeten die Sitzung mit einer geführten Visualisierung, die Imani ermöglichte, den künftigen Spaziergang mit den Eltern im Wald zu üben („Eine strahlende neue Zukunft entwerfen“, S. 107). Wenn Sie schwierige Situationen in der Fantasie proben, ehe Sie sich ihnen in der Realität stellen müssen, ist das ein geschickter Weg, dem Körper das Gefühl zu geben, er habe sie bereits erlebt. Wenn Sie dann tatsächlich ausführen, was Sie vorhaben, können Sie wesentlich entspannter mit der Situation umgehen, weil Sie dann glauben, Sie hätten sie schon viele Male erfolgreich gemeistert.

***

Der ganze Prozess hat von Anfang bis Ende einen Monat gedauert – ich weiß, dass Sie die meisten Probleme gerne schneller lösen würden, aber wenn man die Schritte langsamer geht, verankern sich die Ergebnisse viel tiefer im Gedächtnis und bleiben ein Leben lang erhalten.

12. Angst vor Spinnen und Schlangen

Viele Menschen haben Angst vor Spinnen und Schlangen, aber man hat noch nicht herausgefunden, ob wir mit dieser Angst geboren werden oder sie erst im Lauf der Zeit erwerben. Der Biss einer Giftschlange, die irgendwo im Gras lag, wäre für unsere Vorfahren tödlich gewesen, daher ist es gut möglich, dass sich im Lauf der Jahrhunderte der dringende Wunsch, ihnen aus dem Weg zu gehen, tief in unser Unbewusstes eingegraben hat.

Zwei Studien – eine wurde 2008 in der Zeitschrift *Cognition* veröffentlicht, die andere 2014 in *Evolution & Human Behaviour* –, deuten darauf hin, dass die Furcht vor Spinnen und Schlangen ererbt ist. Es ist aber möglich, die starke phobische Reaktion auf diese Tiere zu löschen.

Ich habe Paul McKenna bei vielen seiner Seminare zur Heilung von Phobien assistiert – er pflegte den Vormittag und den frühen Nachmittag darauf zu verwenden, die Ängste der Teilnehmer in einen neuen Rahmen zu stellen *(reframing)* und dann eine Mischung von NLP-Techniken und Hypnose einzusetzen, damit alle ruhig und entspannt dasaßen. Später am Nachmittag kamen erfahrene Tierpfleger aus dem örtlichen Zoo und brachten Vogelspinnen und Pythons mit. Es war erstaunlich zu sehen, wie viele Menschen, die morgens schon bei dem bloßen Wort „Schlange" zu zittern begannen, nachmittags dazu fähig waren, eine Schlange nicht nur zu streicheln, sondern sie oft auch in die Hand zu nehmen und sich um den Hals zu legen.

Nicht allzu viele von uns sind schon einmal einer lebenden Schlange begegnet, deshalb ist der Umgang mit dieser speziellen Phobie so ähnlich wie der mit einem „Monster unter dem Bett". Letzteres gibt es gar nicht und die phobische Reaktion wird eher von der Vorstellung oder dem Gedanken daran ausgelöst – allerdings kann ein Film, in dem Schlangen vorkommen, dazu führen, dass sich manche sehr unwohl fühlen. Eine Spinnenphobie ist hingegen oft von Erinnerungen an eine tatsächliche Begegnung mit einer Spinne begleitet, sodass man bei diesem Problem häufig zwei Aspekte behandeln muss.

Cameron – 14 Jahre alt

Cameron kam zu mir, weil er Hilfe brauchte, um mit seiner Spinnenphobie fertigzuwerden. Sein Vater kam mit zur Sitzung, da er, wie er mir sagte, auch selbst unter einer schlimmen Spinnenphobie litt. Als Kind hatte er in Australien gelebt und er hatte nie mehr vergessen können, wie groß die Spinnen dort waren und welche Gefühle sie in ihm auslösten. Wir waren uns schnell einig, dass seine Angst sehr verständlich war, denn er wurde ständig von den Erwachsenen gewarnt: „Nimm dich vor den Spinnen in Acht", und das Gefühl der Wachsamkeit war nie mehr von ihm gewichen. Er erzählte mir, dass er noch heute, mit 50 Jahren, beim Anblick einer ganz normalen Hausspinne zittern und aufschreien konnte und das als ausgesprochen lächerlich empfand, aber er hatte inzwischen akzeptiert, dass er „nie mehr davon geheilt werden würde". Es war ihm klar, dass er seine Angst an Cameron weitergegeben hatte, der inzwischen das Wohnzimmer nicht mehr betreten wollte, weil er dort vor Monaten eine große Spinne gesehen hatte. Der Vater suchte jetzt Hilfe für seinen Sohn, weil er nicht wollte, dass er sein ganzes Leben lang so leiden müsste wie er selbst.

Natürlich bin ich erst einmal zusammengezuckt, als ich Camerons Vater sagen hörte, er würde „nie mehr davon geheilt werden", weil er seinem Sohn damit eine sehr wirksame hypnotische Suggestion gab. Wie sollte Cameron jemals glauben, er könne sich in Gesellschaft von Spinnen wohlfühlen, wenn sein Vater ihm sagte, das sei unmöglich?

Ich fragte Cameron, wie das Problem begonnen hatte, und fand heraus, dass er schon immer eine gewisse Angst vor Spinnen gehabt hatte, seine Mutter aber immer alle entfernt hatte, die irgendwo im Haus waren. Doch vor einigen Monaten waren seine Eltern eines Abends ausgegangen und er und seine jüngere Schwester blieben in der Obhut des Au-pair-Mädchens zurück – einer 19-jährigen Französin. Als sie an jenem Abend im Wohnzimmer saßen und fernsahen, rannte eine große Spinne über den Boden und das Au-pair-Mädchen hatte aufgeschrien und dann immer weiter geschrien. Sie rannte aus dem Zimmer und hatte so große Angst, dass sie nicht wieder hereinkam. Cameron und seine Schwester liefen mit ihr hinaus und alle drei saßen den Rest des Abends in der Küche, bis die Eltern wieder nach Hause kamen.

In diesem Fall wurde die Spinne nie gefunden und so hegte Cameron verständlicherweise die Befürchtung, sie sei immer noch irgendwo im Zimmer, lauere unter dem Sofa und warte nur darauf, sich auf ihn zu stürzen. Es lohnt sich, uns immer wieder klarzumachen, dass Spinnen mehr Angst vor uns haben als wir vor ihnen, sodass sie normalerweise schnellstens weglaufen, sich in irgendeiner Ecke oder Ritze verstecken und nicht mehr zum Vorschein kommen.

Aber Cameron hatte jetzt noch eine sekundäre Angst, nämlich die, mit dem Au-pair-Mädchen allein bleiben zu müssen. Er war nicht nur nervös, wenn seine Eltern ausgehen und ihn und seine Schwester zu Hause lassen wollten, sondern er bekam auch Angst, wenn er mit dem Au-pair-Mädchen irgendwohin gehen sollte. Im Grunde war er sehr wütend auf sie.

Ich arbeitete mit Cameron auf die übliche Art und Weise: Ich brach das Problem in kleinere einzelne Teile herunter.

Schritt 1: TFT-Klopftechnik

Ich wusste aufgrund der Geschichte, die Cameron mir erzählt hatte, dass ihn das Erlebnis im Wohnzimmer an jenem verhängnisvollen Abend sehr erschüttert hatte und wir mehr bearbeiten mussten als seine Spinnenphobie. Ich setzte die Klopftechnik ein (S. 83), um sein Angstniveau zu senken, sodass wir mit Visualisierung weiterarbeiten konnten.

Schritt 2: Die Bilder verändern

Als ich Cameron bat, das Bild zu beschreiben, das er vor seinem inneren Auge sah, sooft ich das Wort „Spinne“ sagte, schilderte er mir eine riesige Vogelspinne, die keinerlei Ähnlichkeit mit der kleinen Hausspinne aufwies, die sie im Wohnzimmer gehabt hatten. Wahrscheinlich lehnte sich die Beschreibung eher an die der gefährlichen australischen Spinnen an, die Cameron von seinem Vater kannte. Ich veränderte dieses Bild mithilfe der Technik der magischen TV-Fernbedienung (S. 88). Wir spielten mit der Spinne, ließen sie komisch aussehen, indem wir ihr eine Fußballkappe aufsetzten und einen Schal umbanden und ihr eine hohe, piepsige Stimme im Stil von Micky Maus gaben. Darüber lachte Cameron, sodass ich wusste, dass er dieses neue, lustige Bild deutlich sehen konnte. Dann forderte ich ihn auf, das Bild mit seiner TV-Fernbedienung auszuschalten und es ganz verschwinden zu lassen.

Interessanter Nebeneffekt: Während Cameron und ich miteinander sprachen, wurde es immer wärmer im Zimmer. Sein Vater hatte die Jacke nicht ausgezogen, sodass es nicht lange dauerte, bis er einschlief (zumal ich eine recht hypnotische Stimme habe). Das war anfangs kein Problem, aber nach ein paar Minuten begann der Vater zu schnarchen. Cameron war das furchtbar peinlich, aber ich sagte ihm, er solle sich keine Gedanken machen – ich sei das gewohnt und fasse es als Kompliment auf, wenn jemand einschlafe, während ich spreche.

Schritt 3: Hypnose

Ich beendete unsere erste Sitzung mit einer Hypnose – einer geführten Visualisierung, in der ich Cameron suggerierte, er sehe sich wieder in das Wohnzimmer gehen (was er seit dem bewussten Abend nicht mehr über sich gebracht hatte). Ich sagte, er sehe sich auf dem Sofa sitzen und fühle sich wohl, ruhig und entspannt, und während er das tat, gab ich ihm zahlreiche positive Suggestionen, dass all seine Spinnenängste sich nach und nach in Luft auflösen würden.

Und gerade, als die Sitzung zu Ende ging, wachte der Vater auf, und sie gingen weg.

Zwei Wochen später ...

Cameron fühlte sich ein bisschen entspannter, hatte aber seine Angst noch nicht völlig verloren. Der Vater berichtete mir hingegen, er fühle sich völlig geheilt! In seinen kühnsten Träumen hätte er sich nicht vorstellen können, diese Angst jemals loszuwerden, und doch war das irgendwie geschehen. Ehrlich gesagt, hätte auch ich mir in *meinen* kühnsten Träumen niemals vorstellen können, dass so etwas geschehen würde!

Obwohl der Vater eingeschlafen war, hatte sein Unbewusstes all die positiven Botschaften aufgenommen, die ich Cameron gegeben hatte, und jetzt fühlte er sich ruhig und entspannt, sooft er an Spinnen dachte. Das klingt ein bisschen zu schön, um wahr zu sein, nicht wahr? Aber Camerons Vater kontaktierte mich sechs Monate später und berichtete mir glücklich, er habe noch immer das Gefühl, seine lebenslange Spinnenphobie völlig überwunden zu haben.

Cameron fühlte sich entmutigt, weil bei ihm keine so schnelle Reaktion eingetreten war, aber mich überraschte das nicht. Ich erklärte ihm, dass es für ihn sehr peinlich gewesen sei, dass sein Vater in der Ecke schlief, und dass sein Gehirn deshalb von Stresshormonen überflutet war, was seine Aufmerksamkeit von unserer Arbeit abgelenkt hatte.

Außerdem sah ich, dass Camerons Angstgefühle mit dem Gefühl verquickt waren, das Au-pair-Mädchen hätte ihn im Stich gelassen – sie hätte ihn und seine Schwester beschützen und Herrin der Lage sein sollen, aber sie hatte sie hängen lassen.

Schritt 4: Havening Techniques

Ich hatte das Gefühl, die Therapie mit den Havening Techniques („Selbst-Havening", S. 86) wäre ideal, um Camerons Gefühle von Nervosität zu behandeln. Ich brachte ihm bei, wie er dieses Mittel der Selbstberuhigung anwenden konnte, und er tat das jeden Abend. Er hatte mir gesagt, dass ihn die Angst am ehesten abends erwischte, denn um diese Tageszeit hatte der Vorfall damals stattgefunden.

Es brauchte noch ein paar Sitzungen, bis auch für Cameron der Erfolg unserer Arbeit so sichtbar und spürbar wurde wie vorher für seinen Vater.

13. Angst vor Ärzten, Spritzen und Bazillen

Niemand geht gerne zum Arzt, aber es ist wichtig, dass Sie sich klarmachen, dass Ihr Kind in einer solchen Situation zu Ihnen als Autoritätsperson aufschauen wird, und die leiseste Andeutung von Angst Ihrerseits wird einen wesentlichen Einfluss darauf haben, dass es auch selbst ängstlich wird. Je mehr Zuversicht Sie ausstrahlen, desto besser für Ihr Kind.

Vermeiden Sie es, Negatives über die Praxis des Arztes oder Zahnarztes zu sagen – selbst wenn Sie nur darüber murren, wie lange Sie auf einen Termin warten mussten, wie schmuddelig der Teppich war oder wie unfreundlich die Helferin am Empfang war, wird das im Geist Ihres Kindes Zweifel aufkeimen lassen. Wenn Sie denken, dass ein Arztbesuch grundsätzlich eine unangenehme Erfahrung ist, führt das zu Gefühlen von Ohnmacht und Schmerz – und exakt das werden Sie dann auch erleben. Wenn Sie eine positivere Einstellung haben und denken, dass ein Besuch beim Arzt dazu beitragen wird, dass Sie sich wieder besser fühlen – oder gesund bleiben –, wird das Ergebnis anders ausfallen. Denn erstens wird sich dann Ihr Kind viel wohler damit fühlen und zweitens wird es ihm auch schneller wieder besser gehen, weil der *Placeboeffekt* mitwirken wird.

Worte, die wirken

Wie ich schon viele Male betont habe, wirken sich die Worte, die Ihrem Kind gegenüber ausgesprochen und von ihm gehört werden, darauf aus, wie es sich in einer Situation fühlt und mit ihr zurechtkommt. Ich hasse es, wenn eine Blutabnahme oder Spritze bei uns in England mit den Worten „*sharp scratch*" (wörtlich „scharfer Kratzer") angekündigt wird – natürlich verstehe ich, dass ein Patient vorgewarnt werden muss, damit er nicht erschrickt und vielleicht den Arm wegzieht, aber mir wäre es lieber, sie würden etwas Positiveres sagen, wie etwa: „Jetzt kommt eine spezielle Medizin."

Es lohnt sich, das zu bedenken, wenn Sie überlegen, was Sie Ihrem Kind sagen werden. Hier sind einige Antworten, die ich auf die Frage *„Tut es weh?“* schon gegeben habe:

- *„Also, ich glaube schon, dass du ein bisschen etwas spürst, aber es ist ganz schnell vorbei. Weißt du noch, wie du letzte Woche von der Rutsche gefallen bist und dich am Knie verletzt hast? Das ist eine dicke Beule geworden und hat dir eine ganze Weile wehgetan, aber das hier wird nur ein ganz kleines bisschen piksen.“*
- *„Wenn du den Tupfer auf deinen Arm drückst, wirst du merken, dass das Brennen nachlässt. Nach ein paar Sekunden wird es ganz weg sein. Du fühlst dich dann gut – und bist stolz auf dich.“*

Information

Je mehr Ihr Kind darüber weiß, was es zu erwarten hat, desto leichter wird es ihm fallen, mit der Sache fertigzuwerden. Hier sind ein paar Dinge, die Sie im Vorhinein tun könne, um Ihr Kind an den Gedanken zu gewöhnen, dass es einen Termin beim Arzt hat:

- Lesen Sie einige der zahlreich vorliegenden Bücher mit Geschichten, die die Einzelheiten eines Arztbesuches schildern.
- Üben Sie eine bevorstehende Behandlung an Puppen und Teddys.
- Leuchten Sie sich gegenseitig mit Taschenlampen in den Mund und schauen Sie in Spiegel.
- Erzählen Sie Geschichten aus Ihrer eigenen Kindheit. Kinder hören mit Begeisterung von damals, als Großmama mit Mama oder Papa ebenfalls zum Arzt gegangen ist.

Beginnen Sie frühzeitig, Ihr Kind zu desensibilisieren. Arrangieren Sie häufige Besuche beim Arzt oder Zahnarzt aus Gründen, die nichts mit Krankheit oder Spritzen zu tun haben. So könnten Sie etwa Rezepte abholen, einen Termin vor Ort vereinbaren oder einfach einen Flyer holen. Im Idealfall findet der erste Besuch Ihres Kindes beim Zahnarzt mit Ihnen gemeinsam statt, wenn es Sie zu einem Kontrolltermin begleitet – das wird die Situation normalisieren.

- Sorgen Sie dafür, dass die Termine für Arztbesuche gut sichtbar im Kalender markiert sind, damit Ihr Kind Zeit hat, sich darauf vorzubereiten. Wenn Sie es am betreffenden Tag aus heiterem Himmel mit dem Vorhaben überraschen, werden Sie auf Widerstand stoßen, während eine vorher geplante Aktion viel leichter durchzuführen ist.

Ablenkungstechniken

Es kann auch hilfreich sein, darüber nachzudenken, was Sie tun können, um Ihr Kind während einer unangenehmen Prozedur abzulenken; hier sind einige Beispiele:

- Einen kuscheligen Teddy auf dem Schoß halten und die Schwester oder den Arzt bitten, den Teddy zuerst „zu behandeln".
- Erlernen Sie die Klopftechnik und wenden Sie sie während der Behandlung an.
- Blasen Sie imaginäre Geburtstagskerzen aus oder nehmen Sie eine Flasche Seifenblasen mit und lassen Sie Ihr Kind durch den Blasring pusten.
- Halten Sie ein Mobiltelefon in der anderen Hand und lassen Sie die Stoppuhr laufen, während Ihr Kind die Sekunden zählt, die die Prozedur dauert.
- Schritte in die Zukunft planen *(future pace)* – fangen Sie an, darüber zu sprechen, was Sie *nach* dem Arzttermin machen werden – einkaufen gehen, einen Freund/eine Freundin zu Hause besuchen, sich vorstellen, wie gut es sein wird, wieder zu Hause zu sein und allen von dem überstandenen Arztbesuch zu erzählen.

Angst vor Keimen

Diese Angst tritt bei Kindern häufig auf und sie ist auch keineswegs überraschend, da wir in einer Welt leben, in der sie fortwährend die folgenden Dinge hören:

- In der Fernsehwerbung werden Produkte angepriesen, die 99 Prozent aller Keime töten.
- Wir werden dazu angehalten, antibakterielle Seifen zu benutzen und sogar ein antibakterielles Gel in der Handtasche zu haben – *für alle Fälle.*
- Kinder werden geimpft – um Krankheitserreger zu stoppen.
- Sie werden häufig ermahnt, nicht in die Schule zu kommen, wenn sie krank sind, „um keine Keime zu verteilen".
- Wenn wir krank sind, meiden wir Kontakte mit Freunden, damit sie nicht unsere Keime abbekommen oder – noch schlimmer – wir ihre.

Bei manchen Kindern wird es zu einer Obsession, Krankheitserreger zu meiden. Ich habe einmal mit einem kleinen Mädchen gearbeitet, das sich lange weigerte, auch nur in die Nähe seines Bruders zu gehen, nachdem er sich längst von einer starken Erkältung erholt hatte. Sie schrie laut, sobald er ihr zu nahe kam. Ihre Mutter sagte mir, das mache das Familienleben sehr schwierig, weil die Tochter nicht mit dem Bruder zusammen auf dem Rücksitz des Autos sitzen wolle und beim Fernsehen auch nicht auf dem gleichen Sofa, nicht einmal ganz am anderen Ende.

Reframing – Umdeuten

- Beginnen Sie nach und nach im Gespräch, den Begriff der Keime umzudeuten. Es gibt Tausende von verschiedenen Bakterienstämmen – gute und nützliche ebenso wie schädliche.
- Die meisten Bakterien sind gut für uns, denn wenn wir genügend von ihnen im Körper haben, heißt das, dass sie helfen werden, die wirklich schlechten Bakterien abzuwehren, wenn sie uns heimsuchen wollen.
- Wir haben so viele Keime und Bakterien im Inneren unseres Körpers, dass es unmöglich wäre, sie alle zu vertreiben. Ärzte entdecken gerade erst, dass viele Gesundheitsprobleme durch einen Mangel an Bakterien entstehen und nicht durch ihr Vorhandensein.
- Kinder, die auf Bauernhöfen leben, kommen mit wesentlich mehr Keimen in Berührung als Stadtkinder – und sie sind tendenziell gesünder.
- Eine gesunde Ernährung, bei der man unter anderem viel Gemüse isst, hilft, schädliche Bakterien abzuwehren.

Vijay – 8 Jahre alt

Vijays Mutter brachte ihn zu mir, weil er große Angst vor Ärzten und insbesondere vor Spritzen hatte. Er hatte seine letzten Impfungen mit vier Jahren bekommen und seine Mutter sagte, sie glaube nicht, dass er sich daran erinnern könne, aber er war dabei gewesen, als seine kleine Schwester geimpft wurde, und das sei erst ein Jahr her. Sie hatte damals sehr geweint, und das ließ Vijay die Fassung verlieren.

Vijay hatte vor Kurzem eine Virusinfektion gehabt und erholte sich nicht so schnell davon, wie das zu erwarten gewesen wäre. Daher hatten die Ärzte eine Blutuntersuchung vorgeschlagen, um schwerwiegende Gründe für seinen Energiemangel auszuschließen. Sooft die Mutter das Thema bei Vijay zur Sprache brachte, reagierte er mit trotziger Abwehr. Sie befürchtete, dass es ein ziemlicher Kampf werden könnte, ihn zu dieser Blutabnahme in die Praxis des Arztes zu bekommen.

Schritt 1: Havening Techniques

Ich hatte das Gefühl, der erste Schritt, mit dem ich Vijay helfen könnte, sich ruhiger zu fühlen, sei am besten das Havening („Selbst-Havening“, S. 86). Ich kombinierte es mit einem Gespräch über die Impfungen seiner Schwester und es gelang mir, seine hässliche Erfahrung positiv umzudeuten, indem ich ihm klarmachte, dass die Impfung dazu beitrug, dass seine Schwester in Zukunft sicherer und gesünder sein würde.

Außerdem wollte ich Vijays Mutter die Havening-Behandlung beibringen. Ich bat sie, diese beruhigende Technik zu Hause jeden Tag anzuwenden, weil sie nach und nach die Angst aus dem Körper ihres Sohnes vertreiben würde. Ich empfahl ihr zudem, die Technik auch für sich selbst zu nutzen, da es sehr hilfreich wäre, wenn sie ebenfalls ruhiger wäre.

Außerdem sagte ich ihr, es wäre hilfreich, wenn sie das Havening in der Arztpraxis bei sich selbst machen würde, während Vijay die Blutprobe entnommen werde. Sie solle ihm gegenübersitzen, damit er ihr dabei zuschauen könne. Denn das würde die sogenannten Spiegelneuronen in Vijays Gehirn aktivieren – die einfache Beobachtung seiner Mutter beim Streichen ihrer Arme würde die gleiche beruhigende Wirkung in ihm auslösen, wie wenn er selbst berührt würde. Auch das war ein Grund dafür, dass sie beide die Technik regelmäßig zu Hause üben sollten, denn dann konnte sein Körper eine automatische Reaktion aufbauen und lernen, sich schneller zu beruhigen.

Schritt 2: Atemtechniken

Weiterhin brachte ich Vijay eine Atemtechnik bei, was nicht nur als wertvolles Ablenkungsmanöver dienen, sondern auch helfen würde, Stresshormone aus seinem Körper zu bekommen. Auf S. 70 („Alles herauspusten“) finden Sie Ideen zu einem kreativen Umgang mit dem Atem. Wir vereinbarten, dass Vijay so tun würde, als würde er Kerzen auf einem Geburtstagskuchen ausblasen, während ihm Blut abgenommen wurde. Wir wussten allerdings nicht, wie viele er ausblasen musste, weil uns nicht klar war, wie lange die Blutabnahme dauern würde. Ich schätzte, es würden 15 Kerzen sein, und er dachte, es wären eher 20. Wir vereinbarten, dass er mir hinterher sagen würde, wer von uns beiden „gewonnen“ hatte.

Schritt 3: Geführte Visualisierung

Schließlich machte ich noch eine Übung, bei der Vijay die Augen schloss und sich während des ganzen Vorgangs „sah“. Ich wusste, dass sein Termin nach der Schule war, daher begann ich mit der Visualisierung an dem Punkt, an dem seine Mutter ihn von dort abholte. Ich beschrieb den Weg zur Arztpraxis mit allen relevanten Details. Dann sollte er sich selbst auf dem Stuhl sitzen sehen, während ihm Blut abgenommen wurde, und dabei die imaginären Kerzen auf dem Geburtstagskuchen ausblasen, eine nach der anderen. Ich sagte, aus dem Augenwinkel könne er auch seine Mutter sehen, die die Havening Techniques bei sich selbst anwende, was dazu führe, dass er sich von Minute zu Minute wohler fühle.

Dieses einfache Verfahren ist eine geschickte Art und Weise, dem Körper zu dem Gefühl zu verhelfen, er habe etwas schon viele Male erlebt. Wenn man dann tatsächlich in der Situation ist, fühlt man sich automatisch entspannter, weil man genau weiß, was einen erwartet.

Ich habe für diese geführte Visualisierung ein Skript erstellt und seiner Mutter einen Ausdruck davon gegeben, damit sie ihrem Sohn den Text ein paar Tage vor der Blutabnahme jeden Abend als Gutenachtgeschichte vorlesen konnte.

Zwei Wochen später …

Vijays Mutter rief mich an, um mir zu erzählen, dass alles gut gegangen war – und dass obendrein die Blutwerte alle normal waren und Vijay begonnen hatte, wieder zu Kräften zu kommen. Und was die Anzahl der Kerzen auf dem Geburtstagskuchen betraf – es waren 17. Das war knapp unter dem, was er geschätzt hatte, und wir einigten uns darauf, dass er gewonnen hatte – in mehr als einer Hinsicht.

14. Schulverweigerung

Schulverweigerung – häufig begleitet von Wutausbrüchen, Nervenzusammenbrüchen und Davonlaufen in die entgegengesetzte Richtung – kann die ganze Familie in Mitleidenschaft ziehen und für die Geschwister sehr peinlich sein, wenn sich das Drama auf dem Schulgelände abspielt.

Oft mag es den Anschein haben, als komme diese Verweigerung aus heiterem Himmel und entstehe praktisch über Nacht, während sie sich wahrscheinlich schon eine ganze Weile angebahnt hat und Angstgefühle immer weiter angewachsen sind, bis das Kind nicht mehr mit ihnen fertiggeworden ist.

Schulverweigerung kann aus Trennungsangst entstehen und dazu führen, dass hie und da ein paar Tage Unterricht verpasst werden, weil das Kind unklare Bauchschmerzen hat, kann aber auch so aussehen, dass jemand Wochen oder sogar Monate am Stück fehlt.

Für Eltern gibt es nichts Schlimmeres, als ein sich anklammerndes, jammerndes Kind mit Gewalt von sich loszureißen. Es ist ganz normal, dass Sie alles Erdenkliche tun möchten, um Ihr Kind zu trösten und zu beruhigen, und doch kann die Angst durch viele Umarmungen und Küsse auf lange Sicht schlimmer werden, da sie die Vorstellung verstärken können, getrennt zu sein sei in irgendeiner Weise schmerzhaft oder gefährlich.

Falls es keinen ernsthaften Grund dafür gibt, dass Ihr Kind Angst davor hat, in die Schule zu gehen – wie etwa, dass es von Gleichaltrigen verhöhnt oder gehänselt wird, einen übermäßig strengen Lehrer hat, sich mit dem Lernstoff plagt oder gemobbt wird –, rührt das Problem meistens daher, dass das Kind das Risiko einer Trennung von Ihnen überschätzt und seine Fähigkeiten, mit der Trennung zurechtzukommen, unterschätzt. Oft fällt es ihm schwer, seine Gefühle der Unsicherheit auszudrücken, deshalb sagt es gar nicht selten, es habe Bauch- oder Kopfschmerzen. Auch Gefühle der Wut, die von Angst geschürt werden, können zu Wutanfällen, Schreien und Umsichschlagen führen.

Denken Sie daran, dass der Umgang mit Schulverweigerung oft ein gemeinsames Vorgehen erfordert – sprechen Sie mit Ihren Ansprechpartnern in der Schule, die es gewohnt sein sollten, diese Art von Verhalten zu handhaben, und bitten Sie um Vorschläge. Besprechen Sie die möglichen Ursachen für die Angst.

Liam – 9 Jahre alt

Als Liam und meine Mutter zu mir kamen, hatte Liam schon seit vier Monaten nicht mehr zur Schule gehen können. Es gab keinen erkennbaren Grund für seine Weigerung und seine Mutter hatte deshalb schon viele Gespräche mit den Verantwortlichen an seiner Schule geführt. Zum Glück hatte jetzt eine Lehrerin begonnen, Liam einmal in der Woche zu Hause zu besuchen, um ihm Aufgaben zu geben und ihn zu ermutigen, an eine Rückkehr in die Schule zu denken. Liam hatte zu dieser Lehrerin eine gute Beziehung aufgebaut und wollte gerne zurück in die Schule, konnte aber seine Angstgefühle nicht überwinden. Er erklärte mir, jedes Mal, wenn er an die Schule denke, hätte er das Gefühl, in seinem Bauch wären *„schwarze, zappelnde Würmer"*.

Schritt 1: Die Perspektive zurechtrücken

Als Auftakt machte ich Liam zunächst einmal klar, dass sein Kopf sich ganz einfach angewöhnt hatte, ihn zum Narren zu halten, und ihm vorgaukelte, dass in der Schule große Gefahren lauerten, statt ihn sehen zu lassen, dass er in Wirklichkeit zu einer netten Lehrerin und seinen Freunden ging – von denen er die meisten vermisste.

Ich erzählte ihm vom Bild des „Rauchmelders" (S. 112 in Kapitel 9) – der Alarm geht genauso los, wenn eine Scheibe Toast unter dem Grill liegt und anfängt, schwarz zu werden, wie wenn das ganze Haus lichterloh brennt. Liam bekam von seinem inneren „Rauchmelder" Signale drohender Gefahr, obwohl das überhaupt nicht nötig war. Er löste einfach einen Fehlalarm aus.

Schritt 2: Atemübungen

Ich brachte Liam einige Atemübungen bei und erklärte ihm, das Wichtigste sei, immer kräftig auszuatmen anstatt tief einzuatmen. Ich ließ ihn aus dem Fenster schauen und sagte, er solle sich auf ein großes Gebäude in der Ferne fokussieren. Auf dem Dach wehte eine Fahne und ich bat Liam, langsam auszuatmen, bis er das Gefühl hatte, sein Atem hätte die Fahne erreicht. Er atmete etwa zehn Sekunden lang aus.

Ich sagte, er könne das morgens auf dem Weg in die Schule machen; oder er könne die Hand vor dem Mund zu einer lockeren Faust ballen und sich vorstellen, er hielte eine Papiertüte darin fest und würde fünfmal langsam hineinpusten – mit langen, langsamen Atemzügen, die wären genau richtig.

Ich empfehle gerne, regelmäßig Atemübungen zu machen, denn in einem „Notfall" ist das Ihr erstes Hilfsmittel, um Ihr Kind zu beruhigen (siehe „Alles herauspusten", S. 70).

Schritt 3: TFT-Klopftechnik

Ich brachte Liam die Klopftechnik bei (S. 83) und erklärte ihm, wie er die Messskala benutzen sollte (Abbildung 1, S. 60), damit er sehen konnte, wie seine Angst von Stufe 8 auf Stufe 1 sank. Sie braucht nicht vollständig zu verschwinden und auf null zu sinken – solange sie abnimmt, wissen wir, dass die Richtung stimmt.

Schritt 4: Worte, die wirken

Ich erläuterte Liams Mutter, wie sie durch eine Änderung der Art und Weise, wie sie über das Problem sprach, ebenfalls dazu beitragen konnte, Liams Einstellung zu ändern. Sie begann, in die Zukunft zu planen *(future pacing)*, und sagte etwa Sätze wie: *„Wenn du wieder in die Schule gehst"* und *„Bald wirst du wieder gerne in die Schule gehen können … das gehört einfach zu den Dingen, die du lernen wirst."*

Außerdem brachte ich ihr bei, jedes Mal, wenn Liam Angst bekam und in Panik geriet, folgenden Satz zu sagen: *„Dein Kopf schickt dir versehentlich Signale drohender Gefahr, obwohl es gar keine echte Gefahr gibt, die du fürchten müsstest. Gib mir deine Hände und wenn wir dann anfangen, viel langsamer zu atmen, wirst du schnell merken, wie viel besser du dich gleich fühlst."*

Schritt 5: Klopfen mit Affirmationen

Weiterhin wollten wir das Klopfen mit Worten verbinden und formulierten die folgenden Affirmationen:

- *Ich möchte ruhig und entspannt in die Schule gehen können.*
- *Ich kann ruhig und entspannt in die Schule gehen.*
- *Ich werde ruhig und entspannt in die Schule gehen.*
- *Ich gehe ruhig und entspannt in die Schule.*

Schritt 6: Allmähliche Desensibilisierung

Wir waren uns einig, dass Liam wohl kaum plötzlich eine Kehrtwende vollziehen und eines Tages in die Schule gehen würde, als sei nichts geschehen – dafür war er jetzt schon zu lange weggeblieben. Ich empfahl eine allmähliche Wiedereingewöhnung: Liam war damit einverstanden, dass seine Lehrerin nicht mehr zu ihm nach Hause kam, sondern dass er am Dienstag- und Freitagnachmittag zur Schule ging, um Hausaufgaben abzugeben und sich neue Aufgaben zu holen. Da er das am Ende des Schultags machte und nicht gleich am Morgen, traf Liam dort oft einen Freund und hatte die Gelegenheit, einige Zeit mit ihm zu verbringen.

Liam verweigerte nicht nur den Schulbesuch, sondern hatte sich auch angewöhnt, auf andere soziale Aktivitäten zu verzichten und lieber alleine zu Hause zu bleiben. Wir wussten, wir mussten ihn davon abbringen, die Außenwelt als beängstigend wahrzunehmen.

Wir suchten und fanden einige weitere Möglichkeiten, wie Liam wieder in Kontakt zu seinen Schulfreunden kommen konnte – den Schwimmwettbewerb im örtlichen Schwimmbad und das Schulfest, das an einem Samstag stattfand. Seine Mutter begann, regelmäßig Freunde zum Tee einzuladen, und bald wurde er ebenfalls eingeladen. Sie gestand mir, sie hätte es aufgegeben, proaktiv Gelegenheiten für ein geselliges Beisammensein für ihren Sohn zu arrangieren, weil sie sein Verhalten so anstrengend empfand. Sie hatte darum gerungen, ihn wieder in die Schule zu bekommen, und war von der ganzen Geschichte ziemlich erschöpft. Ich hatte Mitgefühl mit ihr – schließlich sehe ich regelmäßig Eltern, die verständlicherweise von derart schwierigen Situationen zermürbt sind, und dann verliert man leicht aus den Augen, was man am besten tut. Dass sie die Situation mit mir durchsprechen konnte, bot ihr eine Gelegenheit, sich Klarheit zu verschaffen.

Ich empfahl ihr, eine Pinnwand für Liams Unternehmungen anzulegen. In der Mitte einer großen Pinnwand befestigten Liam und seine Mutter ein Foto ihres Hauses. Anschließend sollten sie Fotos aller Orte dort aufhängen, die Liam gerne besuchte und an denen er sich wohlfühlte. Er begann mit einem Foto vom Haus seiner Großmutter und vom Supermarkt gleich um die Ecke, dann folgten seine Schule und Veranstaltungen, die er besuchte, sowie Bilder von den Häusern seiner Freunde. Wenn ihn ein Freund besuchen kam, machte er ein neues Foto und heftete auch das an die Pinnwand. Nach und nach begann sie sich mit Bildern zu füllen und schon bald wollte er von sich aus ausgehen, damit er seiner Sammlung ein weiteres Foto hinzufügen konnte.

Das war eine wichtige Übung, denn sie half Liam, sein Selbstbild zu verändern – bis dahin hatte er sich in der Vorstellung immer als einen schüchternen, ängstlichen Jungen angesehen, der nirgendwohin gehen konnte. Die Collage half ihm, zu sehen, dass das nicht mehr stimmte und er sich veränderte.

Schritt 7: Angstgefühle umdrehen

Dann wandte ich mich den *„schwarzen, zappelnden Würmern"* in Liams Bauch zu. Liam sollte sich vor mich stellen und mit dem Zeigefinger auf die „Würmer" deuten und mir zeigen, in welcher Richtung sie sich bewegten (siehe S. 96, „Die Drehrichtung von Gefühlen umkehren"). Manchmal kann es ein Weilchen dauern, bis Kinder die Bewegungsrichtung richtig identifizieren können, deshalb musste ich Liam bitten, bei einem seiner nachmittäglichen Schulbesuche eigens darauf zu achten. Als er wieder zu mir kam, konnte er mir sagen, die „Würmer" würden sich für sein Gefühl entgegen dem Uhrzeigersinn bewegen.

Ich forderte ihn auf, die gesamte Bewegung zu bremsen und die „Würmer" dazu zu bringen, still zu halten. Sobald das gelungen war, sagte ich, er solle die Farbe der Würmer ändern – sie waren ja schwarz, und ich fragte ihn, ob er gerne eine andere Farbe wählen würde – eine Farbe, die für ihn gute Gefühle ausdrückte. Er wählte Gelb. Ich bat ihn, die Augen zu schließen und die Farbe zu ändern, sobald ich mit den Fingern schnippte.

Als Nächstes mussten wir die Würmer dazu bringen, sich in die Gegenrichtung zu bewegen – ich forderte ihn auf, wieder mit dem Zeigefinger auf seinen Bauch zu deuten und sie im Uhrzeigersinn in Bewegung zu setzen. Sobald wir einen guten Rhythmus erreicht hatten, brachte ich Liam dazu, das Tempo etwas zu beschleunigen. Wir hatten jetzt also hübsche, leuchtend gelbe Würmer, die in der Gegenrichtung unterwegs waren. Liam fing an zu lachen, und ich sah, dass wir die unerwünschten Gefühle durchbrochen und die nötige Energieverschiebung erreicht hatten.

Am Schluss fragte ich ihn, ob er die „Würmer" lieber in etwas anderes verwandeln wolle, denn nicht jeder fände die Vorstellung, Würmer im Bauch zu haben, besonders angenehm. Er überraschte mich mit einer Ablehnung und erklärte mir schnell, dass seine Würmer von der süßen Sorte seien, die man im Supermarkt kaufen könne, deshalb habe er sie gerne im Bauch und wolle sie nicht loswerden. Darüber lachten wir gemeinsam.

Schritt 8: Wieder in die Schule gehen

Um den Augenblick der Trennung zu erleichtern, sagte ich Liams Mutter, sie solle schon einen Abstand zu ihm herstellen, bevor sie sich voneinander verabschieden mussten. Am besten vermeidet man, ein Kind, das sich anklammert, in die Schule zu tragen, und wenn es darauf besteht, sollte man einen Weg finden, das unmöglich zu machen, zum Beispiel indem man Taschen trägt. Halten Sie das Kind nicht bis zum letzten Moment an der Hand – lassen Sie einfach schon vorher sachte los. Noch besser ist es, gemeinsam mit anderen Kindern und Eltern die Schule zu betreten und es so einzurichten, dass diese sich unauffällig zwischen Sie und Ihr Kind schieben. Das macht den Augenblick der Trennung wesentlich leichter.

Liams Mutter nahm Verbindung zur Schule auf und arrangierte, dass Liam in jeder Unterrichtsstunde und beim Mittagessen einen Kumpel beziehungsweise eine Person, die ihn unterstützte, bei sich haben sollte. Als er wiederkam, begrüßte ihn seine

Lieblingslehrerin am ersten Morgen an der Tür und brachte ihn ins Klassenzimmer, sodass er einen guten Start hatte. Seine Mutter holte ihn wieder ab.

Außerdem bat ich Liams Mutter, ihm genau zu erklären, was sie vorhatte, nachdem sie sich getrennt hatten. Ich halte das für einen wichtigen Schritt, denn Kinder haben oft das Gefühl, wir lösen uns in Luft auf, wenn wir sie allein zurücklassen, weshalb es nicht verwunderlich ist, dass sie fürchten, wir kämen nie mehr wieder. Sie solle Liam nicht nur alles über ihre Arbeit erzählen, sondern ihm auch versichern, sie würde an ihn denken und sie würde einkaufen gehen und ein Paar neue Socken für ihn besorgen, die er brauchte. An einem anderen Tag sollte sie sagen, sie gehe wieder nach Hause und suche weiter nach dem bisher nicht mehr auffindbaren Buch, das sie schon am Abend vorher gesucht hatten. Geben Sie Ihrem Kind das Gefühl, dass Sie an es denken, während es in der Schule ist, und dass Sie immer noch als Mutter oder Vater im Hintergrund da sind.

Liam konnte wieder in die Schule gehen – anfangs nur vormittags –, und nach zwei Wochen kam er wieder zu mir. Ich überprüfte, ob all die Übungen saßen, die wir bisher gemacht hatten, und fügte dann noch eine neue hinzu:

Schritt 9: Zwischen zwei Stühlen sitzen

Nachdem Liam jetzt wieder in die Schule ging, konnte er erkennen, dass nicht jeder Augenblick dort belastend war. Er gab zu, dass er gute Momente erlebte und sich freute, seine Freunde zu sehen. Er war aber noch immer ein bisschen nervös bei der Aussicht, den ganzen Tag dort zu verbringen. Einerseits wollte er in die Schule gehen, aber andererseits wollte er auch zu Hause sein, wo es sicher und angenehm war.

Die Übung „Zwischen zwei Stühlen sitzen“ auf S. 99 half ihm, die letzten Zweifel zu überwinden.

15. Mobbing

Die Langzeitfolgen von Mobbing in der Kindheit sollten nicht unterschätzt werden. Dabei kann es sich um physische Schikane handeln, bei der jemand körperlich geschädigt oder bedroht wird; um verbale Schikane mit verletzender Hänselei; um seelische Schikane, bei der ein Kind gezielt aus seiner sozialen Gruppe ausgeschlossen wird; oder um das Verbreiten von ehrenrührigen Gerüchten der neuesten Sorte – um Online-Mobbing, das sowohl emotional als auch sozial zu großem Schaden führt.

Die Tage, in denen man dachte, schikaniert zu werden gehöre eben zum Großwerden und ein bisschen Hänselei schade niemandem, sind lange vorbei. Untersuchungen, die 2014 am King's College in London durchgeführt wurden, haben ergeben, dass Erwachsene, die als Kinder schikaniert wurden, später oft psychische Probleme haben, die ihre Beziehungen beeinträchtigen, ihre Verdienstmöglichkeiten schmälern und sogar zu Fettleibigkeit führen können.[4]

Jede Schule ist heute verpflichtet, Maßnahmen gegen Mobbing zu ergreifen, und wenn Sie vermuten, dass Ihr Kind unter dem Verhalten eines anderen Kindes leidet, ist es klug, das den Lehrkräften zu berichten und es mit ihnen zu besprechen. Sehr oft ist das das Letzte, was Kinder wollen, aber die Schulen handhaben das heute verständiger und die Tage, in denen das „Petzen" zwar zur Bestrafung des Übeltäters, aber auch zu üblen Nachwirkungen für das schikanierte Kind führte, sind Gott sei Dank weitgehend vorbei. Heute haben Lehrkräfte subtilere Wege, herauszufinden, ob jemand gemobbt wird, und sich angemessene Reaktionen zu überlegen.

Wenn Sie das Gefühl haben, die Schule Ihres Kindes reagiere nur ungenügend auf Ihre Sorgen wegen des Mobbings, können Sie sich auch an das Jugendamt oder entsprechende Beratungsstellen wenden.

In Kapitel 4 (Miteinander reden) habe ich empfohlen, regelmäßige Gelegenheiten für Gespräche mit Ihrem Kind zu schaffen. Wenn Sie nicht die Gewohnheit gepflegt haben, längere Unterhaltungen zu führen, ist es für die Kinder viel schwerer, zu Ihnen zu kommen, wenn sie ein Problem haben. Wenn sie sich beklommen oder unwohl fühlen und vermuten, dass Sie zu viel zu tun haben, kommen sie überhaupt nicht. Sorgen Sie dafür, dass Sie regelmäßig auch über das Gute reden, das im Leben geschieht, und nicht nur über Probleme, die von Zeit zu Zeit auftauchen.

Bei unseren eigenen Familiengesprächen fand ich es hilfreich, Schwierigkeiten anzusprechen, die die Freunde meiner Kinder hatten. Wir drückten unser Mitgefühl

---

4 Siehe ↗ https://www.sciencedaily.com/releases/2014/04/140417212510.htm.

für ihre Lage aus, sprachen über mögliche Lösungen und überlegten, was sie hätten anders machen können, um gar nicht erst in diese Situation zu kommen. Manchmal, wenn ich das Gefühl hatte, es sei nötig, erfand ich auch ein Kind einer Freundin und schilderte ein imaginäres Problem, damit wir über ein mögliches Szenario reden konnten. Es ist viel einfacher, über das Problem von jemand anderem zu sprechen, als bei Ihrem Kind das Gefühl zu wecken, Mama oder Papa würden ihm einen Vortrag halten.

Das erinnert mich an den berühmten Hypnotherapeuten Milton Erickson – den viele für den besten halten, den die Welt je gesehen hat. In Therapiesitzungen mit seinen Klienten erzählte er häufig eine Geschichte über „seinen Freund John". Niemand schien so genau zu wissen, ob er tatsächlich einen Freund namens John hatte, aber sicher ist, dass der arme Mann von einer misslichen Situationen in die andere geriet und unzählige Probleme hatte – die er natürlich mit der richtigen Einstellung erfolgreich überwand.

Isobel – 14 Jahre alt

Isobel wurde von ihren Eltern zu mir gebracht, weil sie das Opfer von Online-Mobbing geworden war. Der Vorfall, der das ausgelöst hatte, war harmlos genug – sie war in der Klasse von der Lehrerin etwas gefragt worden und hatte eine falsche Antwort gegeben. Ihre Mitschüler hatten gewiehert vor Lachen, was Isobels Verlegenheit noch gesteigert hatte. Am Abend entdeckte sie, dass sie Gegenstand einer Unterhaltung einer WhatsApp-Gruppe war. Der Vorfall im Klassenzimmer wurde noch einmal angesprochen und die Sache nahm Fahrt auf. Die Mitschüler fanden, es würde „Spaß machen", sie künftig damit aufzuziehen.

Nach ein paar Tagen lief sich die Unterhaltung tot und Isobel war erleichtert, dass es vorbei war. Aber die Stille hielt nicht lange an, und als das Ganze wieder aufflammte, vervielfachten sich die hässlichen Kommentare. Noch einige Tage später war der ursprüngliche Anlass, dass Isobel eine Frage im Klassenzimmer nicht hatte beantworten können, vergessen, aber zwei Mädchen schickten ihr weiterhin online gehässige Kommentare.

Zum Glück merkten Isobels Eltern, dass sie unter irgendetwas litt, und als sie den Grund dafür herausfanden, sprachen sie mit ihren Lehrern. Die Schule reagierte und ging sehr gut mit der Sache um, aber Isobel war inzwischen schreckhaft und nervös geworden. Sie hatte das Gefühl, „alle" würden sie anschauen und sich über sie lustig machen, und sie begann, Veranstaltungen außerhalb der Unterrichtszeit zu meiden und Einladungen von Freundinnen sicherheitshalber abzulehnen.

Wie ich schon erklärt habe, ist unser Geist so programmiert, dass er Generalisierungen vornimmt. So, wie ein hässliches Erlebnis mit einem einzigen Hund ausreichen kann, um eine panische Angst vor *allen* Hunden auszulösen, so kann die Erfahrung, in der Schule von ein oder zwei Mitschülern schikaniert zu werden, bei Ihrem Kind zu einer seelischen Überreaktion und einem Zustand übermäßiger Wachsamkeit führen. Daraus folgt dann ganz natürlich das Gefühl, „alle" hätten es auf Ihr Kind abgesehen und „niemand" (auf der ganzen Welt) hätte es gern und es hätte überhaupt keine Freunde.

Ich erklärte Isobels Eltern, es sei wichtig anzuerkennen, dass sie nicht übertrieb und nichts erfand – sie hätte wirklich das Gefühl, all das sei wahr. Einem Kind einfach nur zu sagen, die Dinge seien nicht so, wie es sie sieht, genügt normalerweise nicht, um es zum Umdenken zu bewegen – das muss man subtiler machen und positive Schritte müssen eher langfristig angelegt sein.

Bei meinen Gesprächen mit Isobel stellte sich Folgendes heraus: Da die hässlichen Kommentare auf ihrem Handy aufgetaucht waren, hatte sie jedes Mal, wenn sie es zur Hand nahm, das Gefühl, sie trage die Angreiferinnen mit sich herum. Sie sagte mir: „*Sie leben in meiner Schultasche … Sie sind in meinem Handy … Jedes Mal, wenn ich mein Handy in der Hand halte, habe ich das Gefühl, ihre Kommentare würden in meine Hände einsickern …*"

Außerdem sagte sie mir, sie käme sich immer noch dämlich vor, weil sie die falsche Antwort überhaupt gegeben hatte.

Schritt 1: TFT-Klopftechnik

Ich benutze oft und gerne die TFT-Klopftechnik (S. 83) als Auftakt. Wenn ich ein weinendes Kind vor mir habe, das mir nur mit Mühe seine Geschichte erzählen kann, dann hilft ein Ausgleich im energetischen Bereich durch Klopfen, wieder ein Stück weit ins Gleichgewicht zu kommen. Oft seufzt das Kind nach einer Runde Klopfen tief auf und wenn ich das sehe, weiß ich, dass wir zum nächsten Schritt übergehen können.

Schritt 2: Unerwünschte Bilder und inneren Dialog löschen

Ich wusste, dass Isobel sich besser fühlen würde, wenn wir die hartnäckigen Bilder wegbekommen konnten, die sie aufgrund dieser Nachrichten im Kopf hatte – und auch die hässlichen Stimmen, die Teil ihres inneren Dialogs geworden waren. Die Forschung hat gezeigt, dass es leichter ist, einen hässlichen Kommentar abzuschütteln und zu vergessen, den wir mündlich zu hören bekommen, während gemeine Bemerkungen, die wir schriftlich erhalten, uns tiefer verletzten und schwerer abzutun sind.

Wir machten die Übung mit der magischen TV-Fernbedienung (S. 88) und die Übung zur Lautstärkeregelung („Die Lautstärke regeln", S. 92).

Schritt 3: Resilienz aufbauen

Wir wissen, dass Kinder, die eine Ausstrahlung von ruhiger Selbstsicherheit haben, weniger häufig das Ziel von Mobbing werden, und ich erklärte Isobels Eltern, dass sie zu Hause einiges unternehmen konnten, um sie dabei zu unterstützen, emotional widerstandsfähiger zu werden. In Kapitel 9 über allgemeine Sorgen finden Sie Details dazu, wie Sie gegen negatives Denken vorgehen und positive Gedanken fördern können. Das jeden Tag zu tun würde Isobel helfen, gute Gewohnheiten zu entwickeln und sich nicht mehr als so „dumm" anzusehen – wodurch sie dann auch weniger wahrscheinlich zur Zielscheibe von Mobbing würde.

Schritt 4: Anker für Selbstvertrauen

Dann war es Zeit, Isobel daran zu erinnern, dass sie zwar einen winzig kleinen Fehler gemacht hatte, als sie die richtige Antwort nicht wusste, aber das entschied nicht darüber, wer oder was sie war. Ich half ihr, einen Anker für Selbstvertrauen zu setzen („Einen Anker für Selbstvertrauen erzeugen", S. 102), damit sie ihn in Zukunft immer dann nutzen konnte, wenn sie spürte, dass sie mehr Selbstvertrauen und Stärke brauchte. Sie konnte ihn am Abend nutzen, wenn sie sich Sorgen über den nächsten Tag in der Schule machte, oder auch in der Schule selbst, wenn sie Angst hatte, jemand könnte sie aufs Korn nehmen.

Um die Wohlfühlbotenstoffe in ihrem Körper in Fluss zu bringen, bat ich sie, sich an drei Gelegenheiten zu erinnern, bei denen sie sich richtig gut gefühlt hatte.

- Der erste besondere Moment, den ich ankerte, war eine Erinnerung an einen Familienausflug ins Disneyland im Jahr zuvor – das war eines der schönsten Erlebnisse ihres Lebens gewesen, weil sie sich schon so lange gewünscht hatte, dorthin zu gehen.

- Der zweite Moment, den wir ankerten, war eine Gelegenheit, bei der sie einfach nicht aufhören konnte, zusammen mit ihren Freundinnen zu lachen. Oft sind die witzigsten Augenblicke die, in denen wir eigentlich gar nicht lachen sollten, aber unser Versuch, das Lachen zu unterdrücken, macht die Sache noch witziger. Isobel entschied sich für einen Vorfall, der sich einmal im Mathe-Unterricht ereignete: Ihre Lehrerin stieß versehentlich ihre Tasse um und der Kaffee ergoss sich über den ganzen Tisch. Als sie mir diese Geschichte erzählte, fing sie wieder an zu lachen, und das war ideal für mich, denn ich wusste, dass ich genau jetzt diese Gefühle ankern konnte.
- Der dritte Moment war eine Gelegenheit, bei der ein Lehrer sie für ihre Arbeit gelobt hatte. Ich ermunterte sie dazu, ihren Erinnerungsschatz zu durchsuchen, weil ich sicher war, dass es etwas Derartiges gegeben haben musste. Sie entschied sich für die Erinnerung daran, dass sie und ihre Freundin mit einem Geografieprojekt einmal am besten von der ganzen Klasse abgeschnitten hatten. Mir war besonders daran gelegen, dass sie auch einen Moment aussuchte, in dem sie einen Erfolg in der Schule erlebt hatte, denn das war ein Gegengewicht für die falsche Antwort, die ihre Schwierigkeiten ausgelöst hatte.

Schritt 5: Geführte Visualisierung

Wie immer wollte ich, dass Isobel mit einem guten, positiven Bild im Kopf wegging, das den leeren Raum füllte, den die Tilgung ihrer alten Bilder hinterließ. Nach einer anfänglichen Entspannungsübung mit geschlossenen Augen sagte ich Isobel, sie solle sich vorstellen, sie sei an einem schönen Ort. Sie entschied sich für den Park in ihrer Nähe – dort war ein großer Baum, unter dem sie gerne mit ihren Freundinnen saß. Also sollte sie sich in der Vorstellung unter diesen Baum setzen und wahrnehmen, was sie sah, hörte und spürte.

Sie sagte, sie könne *sehen,* wie Leute auf den Tennisplätzen in der Ecke des Parks Tennis spielten; sie könne *hören,* wie die Blätter der Eiche raschelten, wenn sich die Äste im Wind wiegten, und sie könne das weiche, von Moos durchzogene Gras *spüren,* auf dem sie sitze.

Dann bat ich sie, sechs Personen aufzuzählen, von denen sie wusste, dass sie sie liebten und bewunderten. Sie wählte ihre Schwester, ihre Mutter, zwei Schulfreundinnen, ihre gute Freundin, die nebenan wohnte, und weil sie an dieser Stelle festsaß, sagte ich, sie könne auch den Hund der Familie nehmen – Dante.

Ich forderte sie auf, sich vorzustellen, sie säßen alle in einem Kreis um die Eiche, und sie säße – an den Stamm gelehnt – in der Mitte. Dann sollte sie sich die Freundinnen im Kreis nacheinander anschauen und sich bei jeder Person vorstellen, was diese ihr gerne sagen würde, wenn sie wirklich verstehen würde, wie elend sie sich wegen alldem fühlte, was die Mobber in der Schule gesagt hatten. Bis zu diesem Moment hatte sie mit ihren Freundinnen noch nicht darüber gesprochen, nur ihre Mutter und ihre Schwester wussten, was sie durchgemacht hatte. Sie schloss die Augen und stellte sich vor, wie jede einzelne Person sie liebevoll anschaute und ihr alle nacheinander etwas Wunderbares, Unterstützendes sagten.

Nach einer kleinen Weile bat ich Isobel, mir zu erzählen, wie diese Erfahrung für sie gewesen war. Sie hatte Tränen in den Augen, als sie mir berichtete, alle hätten gesagt, sie hätten sie lieb (auch der Hund!), und drei von ihnen hätten gesagt, sie seien ganz schockiert, dass sie das so lange für sich behalten hatte, und sie seien traurig für sie und auch traurig, weil sie ihr nicht hätten helfen können. Diese Erfahrung half ihr, ihre Perspektive zurechtzurücken – ja, es gab ein oder zwei Kinder in der Schule, die sie nicht mochten, aber es gab viel mehr Menschen um sie herum, die sie liebten und denen sie am Herzen lag.

Ich machte mir diese Erfahrung zunutze und forderte Isobel auf, noch einmal die Augen zu schließen und sich ein Bild von ihrem Handy vorzustellen. Doch diesmal sollte sie darauf nicht die hässlichen Nachrichten der Mobber ihrer Schule sehen, sondern Botschaften von ihren Freunden und ihrer Familie, in denen die Worte enthalten waren, die während der imaginierten Runde unter dem Baum aufgetaucht waren.

Schritt 6: In die Zukunft planen

Im Hintergrund hatten sich Isobels Eltern mit den Lehrkräften zusammengetan und allmählich entspannte sich die Lage an der Schule. Man hatte neue Unterrichtseinheiten eingeführt, in denen die Schüler etwas über die Regeln für das Verschicken von Online-Nachrichten erfuhren und lernten, was akzeptabel ist und was nicht. Und für diejenigen, die sich nicht an die Leitlinien hielten, wurden sehr schnell Sanktionen eingeführt.

Isobel fühlte sich bald erheblich besser – wie sie mir sagte, hatte sie einfach das Gefühl, die Situation sei nicht mehr so aufgeheizt und hätte sich ein Stück weit beruhigt. Sie war nicht mehr so aufgewühlt und hatte begonnen, besser zu schlafen.

Am Ende machte ich noch eine abschließende Visualisierungsübung mit ihr: Ich sagte, sie solle sich auf dem Weg zur Schule sehen – da ich sie nach den relevanten Details des Schulwegs gefragt hatte, konnte ich sie auf ihrem gewohnten Weg führen. Als sie dann in der Schule angekommen war, sollte sie alles so sehen, wie sie es gerne haben wollte. Das erste positive Ereignis war, dass ihre beste Freundin am Schultor auf sie wartete und sie gemeinsam hineingehen konnten. Ich führte sie durch diesen imaginären Tag und ließ sie erfolgreich in der Schule ihrer Wege gehen, ohne dass sie die Mobber sah.

Sie konnte ihre Freundinnen sehen, und ich ließ sie „aus dem Bild heraustreten" und forderte sie auf, sich von außen zu sehen (zu dissoziieren) und den Ausdruck auf ihrem Gesicht wahrzunehmen. Isobel konnte sich glücklich und lächelnd sehen. Dann bat ich sie, wieder in das Bild hineinzuschlüpfen, sich mit ihm zu assoziieren und zu spüren, wie gut sich das anfühlte.

16. Prüfungsstress

Vor Prüfungen haben die meisten von uns Angst und die Schüler von heute müssen wesentlich mehr Prüfungen ablegen als die früherer Generationen. Daher ist es keine Überraschung, dass Stress und Angst selbst die Fähigsten zu überwältigen drohen. Nervosität kann rasch zu einem Motivationsmangel beim Lernen und zu einem unnötig schlechten Abschneiden führen, ganz gleich, wie viel Begabung und Potenzial ein Kind hat.

Als Eltern haben wir einen instinktiven Drang, unseren Kindern Sicherheit zu bieten und sie vor Schaden zu bewahren. Wenn wir sehen, wie sie allein mit einer der größten Herausforderungen des Lebens zu kämpfen haben, kann das sehr frustrierend sein. Manche Eltern haben das überwältigende Bedürfnis, „etwas zu tun", um ihnen zu helfen, aber bitte denken Sie daran, dass ein sanfter Stupser ganz hilfreich sein kann, ein kräftiger Schubs jedoch nicht. Es ist an der Zeit, eine wirklich unterstützende Rolle zu spielen.

Zwar gibt es keinen Ersatz für solides Wissen, das im Lauf des ganzen Schuljahrs erworben wurde, aber es gibt zahlreiche andere kleine Dinge, die den entscheidenden Unterschied zwischen Erfolg und Scheitern ausmachen können. Vorbereitung ist der Schlüssel zum Erfolg und hier sind einige Ratschläge, die ich als hilfreich empfinde:

1. **Wählen Sie die Umgebung für die Wiederholung von Lernstoff sorgfältig aus:** Je mehr die Umgebung der des Prüfungsraums ähnelt, desto besser. Beim Lernen auf dem Bett zu liegen oder unter einem Baum im Garten zu sitzen mag eine verlockende Idee sein, damit diese Stunden sich angenehmer anfühlen, aber wenn Ihr Kind auf einem Stuhl am Tisch sitzt, hilft das seinem Körper, diese Position mit dem Lernen zu verbinden. Sich unter Prüfungsbedingungen an den Stoff zu erinnern wird ihm wesentlich leichter fallen, wenn es eine ähnliche Haltung einnimmt.
2. **Kann Ihr Kind innere Bilder sehen?** In Kapitel 2 habe ich erklärt, dass unser Geist automatisch unsere Gedanken in Bilder umwandelt, und wenn Ihr Kind das wahrnehmen kann, hilft ihm das, sich an den Inhalt des Gelernten zu erinnern und die richtigen Antworten zu geben. Manche haben das Gefühl, die inneren Bilder seien in ihrem Kopf, und andere haben eher den Eindruck, sie seien weit draußen in der Ferne oder vielleicht sogar oben an der Decke. Aus diesem Grund rate ich dazu, einen Schreibtisch eher vor ein Fenster zu stellen als vor eine Wand, denn das hilft Ihrem Kind, klarer zu denken und „zu sehen".

3. **Isst man schlecht, denkt man schlecht:** Kinder müssen sich in diesen stressigen Zeit immer gesund ernähren, denn wenn man will, dass Geist und Körper ihr Bestes geben, muss man sich überlegen, welchen Brennstoff man ihnen zuführt. Ich erinnere mich noch, dass mir seitens der Schule eines meiner Kinder gesagt wurde, in diesem Zeitraum könnten die Kinder ruhig Junkfood essen, wenn sie das wollten. Ich bin nicht dieser Meinung. Die Prüfungsphase kann mehrere Wochen dauern, und wenn die Kinder so lange Nahrung mit geringem Nährwert zu sich nehmen, wird ihnen das nicht helfen, die Prüfungen zu bestehen. Wenn die für Ihren Nachwuchs schwierigste Arbeit am Ende dieser Periode stattfindet und er hat sich die ganze Zeit mit zuckerreichen Snacks und Süßigkeiten vollgestopft, dann hilft ihm das nicht, sich ruhig zu fühlen und sich leicht konzentrieren zu können. Erinnern Sie sich an das, was ich weiter vorne erwähnt habe: Zuckerreiche Nahrungsmittel können Angstgefühle auslösen.
4. **Bewegung:** Wenn Ihr Kind erkennbar missgelaunt wirkt und von der Wiederholung des Lernstoffs genug hat, sorgen Sie dafür, dass es regelmäßig Pausen macht, die ihm erlauben, sich zu bewegen, damit der Kreislauf in Schwung kommt und die Energie besser fließen kann – dann kann der Körper auch nicht so leicht an negativen Gefühlen festhalten. Wenn in der Pause ein Computerspiel als Abwechslung dient, werden die Angstgefühle davon eher mehr, als dass sie schwinden. Studien haben gezeigt, dass Kinder, die sich an der frischen Luft bewegen – wie beim Radfahren, Schwimmen, Fußballspielen und Joggen –, bessere Prüfungsergebnisse erzielen.
5. **Schlaf:** Sorgen Sie dafür, dass Ihr Kind viel Schlaf bekommt und mehr oder weniger bei seinem üblichen Schlaf-Wach-Rhythmus bleibt. Am besten lässt man sich nicht in einen Ferienmodus gleiten, wenn man freie Tage zum Lernen bekommt, weil es dann viel schwerer ist, für die Prüfungen früh aufzustehen. Das ist besonders wichtig, wenn die Prüfung am Nachmittag stattfindet – dann ist es wichtig, morgens zur gewohnten Zeit aufzustehen, damit man nachmittags in optimaler Verfassung ist.

Was für ein Lerntyp ist Ihr Kind?

Wir nutzen alle unsere Sinne, um Informationen aus unserer Umgebung aufzunehmen, und unsere Sinne sind die Grundlage unseres bevorzugten Lernstils. Wenn Sie sich ein wenig Zeit nehmen, um Ihren Sprössling zu beobachten und herauszufinden, welche Methode ihm am besten entspricht, kann das eine Menge Angst vor dem Lernen vermeiden.

Ihr Kind kann einen der folgenden Lernstile klar bevorzugen:

- **Visuell.** Diese Kinder lernen am liebsten, indem sie sich die Informationen anschauen. Sie lesen gerne, mögen Bilder und Diagramme, sehen gerne Demonstrationen und Videos. Mit der Zeit wandeln sie die Informationen in innere Bilder um.
- **Auditiv.** Solche Kinder lernen am liebsten, indem sie etwas hören oder laut sagen. Sie hören gerne Audios, Podcasts, Vorträge, Debatten, Diskussionen und mündliche Anweisungen. Manchmal bitten sie Sie vielleicht, eine Reihe von Anweisungen mehrmals zu wiederholen, weil sie gerne hören, wie sie gesprochen werden.
- **Kinästhetisch.** Kinder mit dieser Präferenz lernen am besten, wenn sie etwas „begreifen" können. Sie mögen körperlichen Einsatz und lieben es, mit den Händen zu arbeiten, sich zu bewegen und Dinge anzufassen.

Lynn O'Brien von Specific Diagnostic Studies Inc. hat festgestellt, dass etwa 40 Prozent der Menschen eine Vorliebe für visuelles Lernen, 15 Prozent für auditives und 45 Prozent für kinästhetisches Lernen haben.[5]

Wenn Sie den bevorzugten Lernstil Ihres Kindes festgestellt haben, können Sie alle Aufgaben so umgestalten, dass sie ihm besser entsprechen.

Achten Sie darauf, was am besten klappt

Jeder ist anders. Helfen Sie also Ihrem Kind, sich darüber klar zu werden, was bei ihm gut klappt und was nicht. Wenn es Ihnen erzählt, es hätte eine besonders gute Lernphase gehabt, dann notieren Sie sich die Details wie die Tageszeit, den Ort, ob es völlig still war oder ob es Hintergrundgeräusche gab. Halten Sie fest, ob das Kind kurz vorher gegessen hatte und welches spezielle Buch oder System es benutzt hat. Wenn etwas einmal gut geklappt hat, bestehen gute Chancen, dass es auch noch ein weiteres Mal gut funktioniert.

Helfen Sie Ihrem Kind, mit der Zeit herauszufinden, dass zu unterschiedlichen Menschen auch unterschiedliche Arten des Lernens passen. Vielleicht kommt es besonders gut klar, wenn es

- seine Stimme mit einem Diktiergerät oder vielleicht auch mit seinem Smartphone aufnimmt,
- ein Whiteboard und verschiedenfarbige Stifte benutzt, um Informationen zu gruppieren,

---

5 Dee Dickinson (2002), Learning Through the Arts: New Horizons for Learning, ↗ https://pa01000192.schoolwires.net/cms/lib/PA01000192/Centricity/Domain/162/Learning_Through_the_Arts.pdf.

- sich Karteikarten anlegt,
- Reime, Merksprüche oder Mindmaps einsetzt oder
- sich von jemandem abfragen lässt.

Wenn man sich die Geografienotizen von zwei Jahren einprägen soll, kann das für jeden abschreckend sein. Wenn man den Stoff in kleinere Einheiten und mehrere Kategorien aufteilt, ist er leichter zu memorieren.

Kiara – 17 Jahre alt

Als Kiara zu mir kam, hatte sie offensichtlich sehr mit ihrem letzten Schuljahr zu kämpfen. Sie konnte nachts nicht mehr schlafen und ihre Haut reagierte mit einem leuchtend roten Ausschlag.

In früheren Jahren hatte sie immer wieder einmal einen normalen Anfall von Nervosität vor Prüfungen gehabt, aber diesmal sah die Sache ganz anders aus. Sie hatte sich für ein Studium beworben und fragte sich voller Sorge, ob ihre Noten so gut sein würden, dass sie von der Universität angenommen würde, die ihre erste Wahl war. Einerseits freute sie sich darauf, auf die Universität zu gehen, aber andererseits war sie voller Befürchtungen:

- Würde sie sich an ihrer neuen Uni wirklich wohlfühlen?
- Würde sie dort leicht Freundschaften schließen können?
- Was wäre, wenn ihr das Fach nicht gefiel, das sie gewählt hatte?
- Wie stand es um ihre Finanzen? Die Uni verlangte Studiengebühren, und sie wollte nur ungern einen Kredit aufnehmen und Schulden machen.

Ein Neuanfang bringt per definitionem mit sich, dass etwas zu Ende geht, und während Kiara die Aussicht, von zu Hause wegzugehen, aufregend fand, war sie traurig darüber, die Schule und all ihre Freundinnen zu verlassen – und ebenso ihre häusliche Umgebung, ihre jüngere Schwester und den Labrador Jess. All diese Gefühle überschwemmten ihr Gehirn mit zu vielen Stresshormonen.

Wir wissen, dass eine positive mentale Einstellung Konzentration und Gedächtnis unterstützt, aber wenn man jemandem einfach nur sagt *„versuche, positiv zu bleiben"*, wird das wenig nützen. Und bitte denken Sie daran, was ich in Kapitel 4 im Abschnitt „Worte, die wirken" über das Wort „versuchen" gesagt habe – es kann die Lage verschlechtern.

Es gab aber einige therapeutische Übungen, von denen ich wusste, dass sie Kiara helfen würden, ruhig und fokussiert zu bleiben.

Schritt 1: Zweifel überwinden

Einerseits war Kiara voll freudiger Aufregung darüber, dass sie auf die Universität gehen sollte, aber andererseits hatte sie natürlich auch Befürchtungen. Ich zeigte ihr die Übung „Zwischen zwei Stühlen sitzen“ (S. 99), mit der sie die Zweifel durcharbeiten konnte. Wir alle führen einen inneren Dialog, und der kann aus zahlreichen Stimmen bestehen. Wie sehr wir uns auch darum bemühen mögen, positive Gedanken zu haben, so läuft doch oft genug im Hintergrund auch ein negativer Dialog. Ich erklärte Kiara, dass die negative Stimme nicht ihren Versuch sabotieren wollte, ihre Abschlussprüfung erfolgreich zu bestehen und auf die Universität zu gehen, sondern einfach nur Besorgnis ausdrückte – sie versuchte, sie in Sicherheit zu halten und auf sie aufzupassen.

Diese Übung ist ein hilfreicher Weg, die negative Stimme oder den besorgten Teil in Ihnen wissen zu lassen, dass Sie die Botschaft verstanden haben, die er Ihnen schickt, und dass Sie schon Lösungen für potenzielle Probleme im Sinn haben. Oft stellt man nach dieser Übung fest, dass sich der negative Teil in einem zu beruhigen beginnt.

Schritt 2: Ein Stoppknopf für Gedanken

Ich zeigte Kiara eine weitere nützliche Übung für den Umgang mit negativen Gedanken, die sich genau dann in unser Denken einschleichen, wenn wir sie am wenigsten gebrauchen können. Dafür nahm ich die Übung „Der imaginäre Stoppknopf“ (S. 94). Ich erinnerte sie daran, dass uns jeden Tag unzählige Gedanken durch den Kopf schwirren und wir von den meisten keinerlei Notiz nehmen. Sie tauchen auf, und wir lassen sie einfach vorbeiziehen. Wir können wählen, ob wir uns auf sie einlassen oder nicht – das geschieht ganz unauffällig nebenbei. Kiara lachte und stimmte mir zu: Ein leiser Gedanke, sie solle ihren überquellenden Wäschekorb sortieren, tauche oft genug in ihrem Kopf auf, aber sie übergehe ihn regelmäßig, sehr zum Missvergnügen ihrer Mutter.

Ich sagte ihr, da sie schon sehr gut darin sei, unerwünschte Gedanken effektiv zur Seite zu schieben, könnte sie mit ein bisschen Übung ihre negativen Gedanken ebenso abtun.

Schritt 3: Eine strahlende neue Zukunft entwerfen

Wenn wir in unserem Leben vor einer Hürde stehen, nimmt unsere Fähigkeit, auf die andere Seite hinüberzusehen, oft drastisch ab. Wie soll man sich ein herrliches Leben an der Universität vorstellen, wenn man zuerst einmal eine Reihe schwerer Prüfungen hinter sich bringen muss? Ganz ähnlich kann es schwierig sein, sich auf herannahende Ferien zu freuen, wenn man große Flugangst hat. Wir fühlen uns in der Klemme, und je mehr wir uns auf die Herausforderung konzentrieren, die vor uns liegt, desto stärker wächst unsere Angst.

Ich führte Kiara durch die Übung zu einer „strahlenden neuen Zukunft“ (S. 107). Es ist nicht immer leicht, sich in der Vorstellung in einer zukünftigen Situation zu sehen, in der man noch nie gewesen ist. Wie soll man da wissen, was einen erwartet? Aber das kann auch ein Vorteil sein, denn als ich Kiara durch die Übung führte, konnte sie alle Einzelheiten erträumen, imaginieren und erfinden, die sie in ihrem neuen Leben an der Universität gerne haben wollte. Sie sah sich mit vielen neuen Freundinnen, hatte eine schöne Unterkunft und freundliche Tutoren. Als wir darüber sprachen, was sie für ihr künftiges Leben voraussah, sagte sie mir, dass anscheinend immer die Sonne schien und dass sie interessanterweise auch sehr hübsche neue Kleider anhatte.

Wenn man sich selbst in der Zukunft so sehen kann, dass alles genau so läuft, wie man es gerne hätte, ist das ein wunderbarer Weg, eine unmittelbar vor einem liegende Stresssituation zu entschärfen. Sehen Sie sich *nach* dem kritischen Ereignis, und Sie werden sofort anfangen, sich besser zu fühlen.

Kiara ging nach dieser Sitzung wesentlich ruhiger weg. Ich empfahl ihr, diese Übungen zu Hause noch einmal zu wiederholen, und ich machte sie auch mit den Havening Techniques bekannt („Selbst-Havening“, S. 86), mit denen man sich selbst gut beruhigen kann.

17. Angst vor Reisen und Flugangst

Ferien sollen eigentlich Spaß machen, entspannen und eine besonders schöne Zeit sein, auf die man sich freut. Sehr viele von uns finden jedoch, dass Kofferpacken und das Zurücklassen von Job, Zuhause, Haustieren und gewohnten Abläufen Stress erzeugen kann.

Gedanken an ruhige, sonnige Strände und aufregende neue Erfahrungen können sich schnell in Bedenken in Bezug auf ungewohntes Essen, Krankheiten, eine knappe Kasse und erst recht in zahlreiche Ängste wegen einer Flugreise, Schiffsreise und das Fahren auf fremden Straßen (in wenig fahrtüchtigen Fahrzeugen) verwandeln. Angesichts dieser Gefühle von Stress und Angst fragen sich viele Menschen, ob die Reise das wirklich wert ist.

Und wenn Sie ein Kind haben, das sich vor Reisen fürchtet, kann sich das Ganze schnell aufschaukeln und zu einem Albtraum für die gesamte Familie werden.

Xavier – 7 Jahre alt

Xavier wurde von seinen Eltern zu mir gebracht, weil sie an Weihnachten eine Flugreise nach Florida machen wollten. Zwar verreiste die ganze Familie regelmäßig gemeinsam, aber sie fuhren in allen Ferien in ihre Heimat Frankreich und besuchten Verwandte. Xavier war daran gewöhnt, mit dem Eurostar-Zug zu fahren und auch mit einer Fähre den Ärmelkanal zu überqueren, aber er war noch nie geflogen. Seine Angst ging darauf zurück, dass er vor etwa sechs Monaten in den Fernsehnachrichten einen Flugzeugabsturz gesehen hatte. Es war schwierig gewesen, ihn von den vielen Einzelheiten abzuschirmen, denn die Medien berichteten ausführlich über die Umstände.

Schritt 1: Mit Sorgen fertigwerden

Ich ermunterte Xaviers Eltern dazu, ein Sorgenkästchen anzulegen (S. 113). Wir wussten, dass die Eltern nicht alle Bedenken ihres Sohnes in Bezug auf die bevorstehende Reise zerstreuen konnten. Wie kann man schließlich seinem Kind ehrlichen Herzens versichern, dass das Flugzeug, mit dem man reist, garantiert nicht abstürzen wird? Keiner hat eine Kristallkugel, aber viele von uns gehen dieses Risiko einfach deswegen ein, weil wir wissen, dass es vertretbar ist. Die Chancen, dass man in einen Flugzeugabsturz verwickelt wird, sind verschwindend klein – absolut winzig. Wir alle setzen unser Leben in weit höherem Maße aufs Spiel, wenn wir die Straße überqueren, und doch tun wir das jeden Tag ganz sorglos. Wenn Sie das jedoch einem Kind erklären, kann es ohne Weiteres eine Angst davor entwickeln, überhaupt aus dem Haus zu gehen, daher müssen Sie da sehr vorsichtig sein.

Ich empfahl das Sorgenkästchen, weil ich wusste, dass dann, wenn Xavier sich wegen der bevorstehenden Ferien zu sehr in Ängste hineinsteigerte, auch andere Bereiche seines Lebens davon betroffen sein würden. Xavier wurde dazu ermuntert, jede seiner Befürchtungen auf ein Blatt Papier zu schreiben, sobald sie aufkam, und es dann im Sorgenkästchen abzulegen. Jede Woche setzte er sich zusammen mit seinen Eltern hin und ging die Befürchtungen einzeln mit ihnen durch. Seine Sorgen reichten von der Angst davor, sich beim Rechtschreibtest in der Schule nicht mehr an die korrekte Schreibweise von Wörtern erinnern zu können, bis hin zu der Befürchtung, er fände auf der Geburtstagsparty seines Freundes niemanden, mit dem er reden könne. Nach und nach mehrten sich auf diesem Wege verlässliche Beweise dafür, dass die meisten Dinge, über die wir uns Sorgen machen, am Ende glattgehen und dass man nicht immer jede Einzelheit über ein zukünftiges Ereignis wissen muss, um ruhig und entspannt darauf zugehen zu können.

Schritt 2: Pinnwand

Ich bat Xaviers Eltern, ihm immer mehr darüber zu erzählen, was sie in diesen Ferien im Detail vorhatten. Bisher hatte vor allem der Flug im Mittelpunkt gestanden und nur selten ging ein Gespräch darüber hinaus.

Sie hatten Xavier gesagt, sie würden in die Ferien fahren, aber wie sollte das konkret aussehen? Ich ermunterte sie, einige Zeit darauf zu verwenden, ihm zu erklären, wohin sie fahren würden, und Bilder vom Zielort aus Reiseprospekten auszuschneiden oder Fotos aus dem Internet auszudrucken und damit eine Pinnwand zu gestalten. Ich bat sie, so viele Details wie möglich beizusteuern und auch Orte einzubeziehen, die sie besuchen wollten. Insbesondere sollten sie möglichst Fotos von anderen Kindern finden, die den Urlaubsort genossen, denn das würde es Xavier erleichtern, sich ebenfalls dort zu sehen. Wir fürchten das Unbekannte, und wenn die Eltern diese neue Erfahrung realer machten, würde das die Angst dämpfen. Die Pinnwand wurde in Xaviers Zimmer aufgehängt, sodass er sie jeden Abend betrachten konnte.

Schritt 3: Visualisierungstechniken

Als ich mit Xavier arbeitete, bat ich ihn, darüber nachzudenken, wie er auf die ängstigenden Gedanken über den Flug in die Ferien gekommen sei. Er konnte sich deutlich an die Fernsehnachrichten erinnern, die all das in Gang gesetzt hatten.

Dann bat ich ihn, diese Gedanken zu beschreiben – was sah und was hörte er? Ich brachte ihm die magische TV-Fernbedienung (S. 88) und die Lautstärkeregelung (S. 92) bei. Erinnern Sie sich bitte daran, dass eine Änderung der Bilder und Töne in der Vorstellung die Gefühle eines Menschen verändert.

Bald stellte sich heraus, dass es in Xaviers Kopf mehr als eine Version des beängstigenden Bildes gab, was nicht verwunderlich war, weil die entsprechende Nachricht viele Male im Fernsehen gezeigt worden war und er außerdem Bilder in der Zeitung gesehen hatte. Es ist wichtig, daran zu denken, dass jedes dieser Bilder und jede Episode einzeln bearbeitet werden sollte. Ein Bild, das ihn besonders verstört hatte, war das von Angehörigen der Opfer, die man mit verzweifeltem Gesichtsausdruck im Flughafen gefilmt hatte, nachdem sie die schlimmen Nachrichten über ihre Lieben erfahren hatten.

Man kann mit Visualisierungstechniken durchaus kreativ umgehen und braucht nicht unbedingt jedes Mal die gleiche Lösung anzuwenden, um das Bild zu löschen. Um mit einem der besonders verstörenden Bilder fertigzuwerden, beriet ich mich mit Xavier, um zu sehen, was er selbst für wirksam hielt. Gemeinsam entwickelten wir die Idee, einen großen Eimer mit weißer Farbe und einen riesigen Pinsel zu Hilfe zu nehmen. Er tauchte den Pinsel in die Farbe und übermalte das ganze Bild, sodass es völlig von Weiß überdeckt war.

Um die Töne zu tilgen, die das Bild begleiteten, sollte Xavier sich vorstellen, er lasse während des Malens eines seiner Lieblingsmusikstücke ganz laut laufen, sodass die Geräusche übertönt wurden.

Wenn Ihr Kind Mühe hat, das in der Vorstellung zu tun, können Sie es auch bitten, die beängstigenden Gedanken auf ein Blatt Papier zu malen und sie dann zu tilgen – sie können sie entweder übermalen oder das Blatt in kleine Fetzen zerreißen und wegwerfen.

Sobald das Bild ganz verschwunden war, konnte Xavier es durch ein besseres ersetzen – eines, das er an seiner Pinnwand hatte. Er wählte eines seiner Lieblingsbilder, auf dem ein paar Kinder auf einer Rutschbahn in ein Schwimmbecken glitten.

Schritt 4: Desensibilisierung

Als Nächstes schlug ich vor, Xaviers Eltern sollten der Angst des Jungen auch dadurch weiter entgegenwirken, dass sie mit ihm zu einem Flughafen fuhren. Dort konnten sie Flugzeugen beim Starten und Landen zuschauen, einige Zeit in einem der Cafés sitzen und schon mal ein paar interessante Bücher und Spiele für den eigenen Flug aussuchen. Ich sagte, sie sollten dort auch eine Toilette aufsuchen, weil Sorgen in dieser Hinsicht ebenfalls häufig Ängste auslösen. Dann sollten sie dem Sohn genau erklären, was im Flughafen geschehen würde, wenn die Familie dort ankam, um ihre Reise anzutreten, und auch auf die vielen Menschen hinweisen, die dort waren, um ihnen zu helfen. Uniformierte Sicherheitskräfte können beängstigend aussehen, besonders wenn sie Waffen tragen, deshalb ist es gut, zu erklären, dass sie dazu da sind, sich um unsere Sicherheit zu kümmern.

Als Abschluss schlug ich ihnen vor, Fotos oder ein Video mit dem Smartphone zu machen, damit Xavier anhand dieser Bilder anderen Familienmitgliedern und Freunden beschreiben konnte, was er auf dem Flughafen gemacht und gesehen hatte.

Schritt 5: TFT-Klopftechnik

Weiterhin empfahl ich, dass die ganze Familie die TFT-Klopftechnik anwenden lernen (S. 83) und regelmäßig nutzen solle. Normalerweise rate ich dazu, sie eine Woche vor der Abreise in die Ferien jeden Abend zu praktizieren, denn das wird die Angstgefühle neutralisieren, die sich vor einem großen Ereignis häufig in die freudige Aufregung hineinmischen.

Diese Technik ist eine gute, praktische Hilfe, die man auch am Flughafen und im Flugzeug anwenden kann. Sie ist inzwischen als Mittel gegen Flugangst so bekannt, dass es mich sehr wundern würde, wenn nicht auch andere Passagiere im Flugzeug sie nutzen würden. Es gibt verkürzte Versionen, die man in der Öffentlichkeit verwenden kann – etwa das Klopfen unter den Augen und das Klopfen an der Außenseite der Hand –, ohne sich befangen zu fühlen. Setzen Sie auch die Affirmationen ein, wenn Sie klopfen, zum Beispiel *„Ich fühle mich während des Fluges ruhig und entspannt"*.

Hinweis: Ich empfehle auch, dass Kinder eine Atemtechnik erlernen („Alles herauspusten", S. 70), wie etwa das Aufblasen eines imaginären Luftballons, indem sie langsam und tief durch ihre locker zur Faust geballte Hand ausatmen. Das ist sehr hilfreich, wenn sie aus irgendeinem Grund eine schnelle, leicht anwendbare Hilfe brauchen. Für ängstliche Reisende ist es auch nützlich, sich unterwegs einige zuvor aufgenommene Hypnose- und Entspannungsanleitungen anhören zu können.

18. Schlafprobleme

Schlafprobleme bei Kindern können zu Erschöpfung bei der ganzen Familie führen, und ich habe oft mit Eltern zu tun, die mir erzählen, sie müssten nachts mehrmals aufstehen, um sich um die Nöte ihres Sprösslings zu kümmern. Häufig besteht dieses Problem schon seit vielen Jahren und allein das verschärft die Situation, denn wenn es erst einmal ein festes Verhaltensmuster geworden ist, erinnert sich das Kind nicht einmal mehr daran, dass es sich schon einmal anders verhalten hat.

Studien zeigen, dass Schlafmangel zu den Hauptursachen für Angst gehört, was deshalb interessant ist, weil Angst üblicherweise der Grund dafür ist, dass jemand nicht schlafen kann! Schlafmangel wird auch die schulischen Leistungen und das Verhalten Ihres Kindes generell beeinträchtigen und Heißhungeranfälle und Fettleibigkeit verursachen. Deshalb ist es sehr wichtig, Lösungen für Schlafprobleme zu finden.

In diesem Kapitel werde ich erklären, wie man einem Kind helfen kann, das wegen Albträumen aufwacht oder Angst hat, es sei „etwas unter dem Bett". Weitere Lösungen für den Umgang mit Schwierigkeiten beim Schlafengehen, auch solchen, die auf Trennungsangst beruhen, finden Sie in einem anderen Buch von mir, *Words that Work*. Wenn Sie zu den zahlreichen Eltern gehören, die am Bett ihres Kindes sitzen müssen, bis es einschläft, finden Sie dort hilfreiche Ratschläge.

Führen Sie eine gute Routine ein und halten Sie sich daran

Ich weiß, wie groß die Versuchung sein kann, einem Kind, das nur schwer einschlafen kann, zu erlauben, erst einmal eine Weile im Wohnzimmer auf dem Sofa zur Ruhe zu kommen und zu dösen, bis Sie es leicht ins Bett bringen können, aber das könnte das Problem noch verschlimmern. Es wird sich dann nämlich immer schwerer angewöhnen können, allein einzuschlafen, und Sie werden es ewig auf dem Sofa behalten müssen. Es ist wichtig, dass es lernt, in seinem Bett zu liegen und ganz natürlich einzuschlafen.

Wir alle sind schon einmal vor dem Fernseher eingedöst, dann recht desorientiert wieder wach geworden und konnten anschließend nur mit Mühe einschlafen, als wir im Bett lagen. Das stört nämlich das Muster unseres Schlafrhythmus, und wenn das Ihrem Kind regelmäßig passiert, verschärft das die Probleme mit dem Schlafengehen.

Beschließen Sie eine feste Zeit für das Zubettgehen und halten Sie sich täglich an dieselbe Routine.

Halten Sie das Schlafzimmer in Ordnung

Es ist für ein Kind nicht entspannend, in einem Zimmer zu schlafen, in dem schmutzige Wäsche, Bücher und Schuhe über den ganzen Fußboden verstreut liegen. Wir alle fühlen uns in einer geordneten Umgebung ruhiger und das Aufräumen kann zu einem selbstverständlichen Bestandteil der abendlichen Routine werden. Das ist etwas, was Sie gemeinsam machen und als Signal für das Ende des Tages einführen können.

Ist das Zimmer zu hell?

Es ist besser, in einer dunklen Umgebung zu schlafen, weil Licht und Hormone unseren Schlafrhythmus steuern. Wenn das Licht am Abend abnimmt, produzieren wir ein Hormon namens Melatonin, das der inneren Uhr das Signal gibt, dass es Zeit zum Schlafen ist. Je früher Sie Ihr Kind daran gewöhnen können, in einem dunklen Zimmer zu schlafen, desto besser. Es gibt einen Trend zu Nachtlichtern in Kinderzimmern, damit die Kinder leichter einschlafen, aber ich empfehle immer, sie den Kindern so früh wie möglich abzugewöhnen, indem man die Helligkeit in kleinen Schritten jede Nacht weiter dimmt und am Schluss das Licht ganz ausmacht. Es gibt die Möglichkeit, ein Nachtlicht mit einem Bewegungsmelder zu kaufen – dann geht das Licht automatisch an, sobald er registriert, dass sich jemand im Raum bewegt. Das ist vielleicht ein idealer Kompromiss für Sie.

Entfernen Sie elektronische Geräte

Dinge wie Mobiltelefone, Laptops und iPads in der Nähe des Betts aufzuladen ist keine gute Idee, denn das elektromagnetische Feld, das sie erzeugen, stimuliert die mentale Aktivität und wird Ihr Kind wach halten. Und sollte es in den frühen Morgenstunden wach sein, wird die Versuchung, in die sozialen Medien zu gehen und mit Freunden oder Freundinnen zu chatten, allzu groß sein, wenn das Handy unter dem Kopfkissen liegt. Ebenso ist es besser, auch kein Fernsehgerät und keine DVD-Player im Zimmer zu haben; Schlafzimmer sind zum Schlafen und Entspannen da. Das ist vielleicht hart für Ihr Kind, aber es ist wichtig für seine Gesundheit.

Worte, die wirken: Verlegen Sie das Problem in die Vergangenheit

Fangen Sie an, so über das Problem zu sprechen, als wäre Ihr Kind schon dabei, es zu überwinden:

- *Du hattest ja immer wirklich Mühe, einzuschlafen, aber mir fällt auf, dass es jetzt jeden Tag ein bisschen leichter wird für dich. Wahrscheinlich fällt dir das auch schon auf, oder?*
- *Du bist früher oft mitten in der Nacht aufgewacht und hast große Angst gehabt, aber ich sehe, dass das jetzt viel seltener vorkommt – das zeigt, dass du das allmählich hinter dir zu lassen beginnst.*

Selbst wenn die Veränderung noch gar nicht begonnen hat, wird Ihr Kind auf diese positiven Worte bereitwilliger reagieren und anfangen, sich in die richtige Richtung zu bewegen. Erinnern Sie sich bitte daran, dass ich weiter vorn erklärt habe, dass innere Bilder und Vorstellungen in unserem Kopf durch die Worte erzeugt werden, die wir in unserer Umgebung hören. Ruhige, besänftigende Worte erzeugen gute Bilder, die wiederum gute Gefühle hervorrufen.

Emilie – 11 Jahre alt

Die Eltern brachten Emilie zu mir, weil sie zunehmend unter Druck geriet, wenn sie einschlafen sollte, und sagte, sie hätte das Gefühl, es sei „etwas unter ihrem Bett". Das war meist etwa um 22 Uhr, wenn ihre Eltern noch auf waren und unten im Wohnzimmer fernsahen. Sie rannte dann voller Panik zu ihnen hinunter, mit hämmerndem Herzen und kaltem Schweiß auf der Haut.

Ich habe bereits erwähnt, wie häufig diese Angst ist, und es verdient, noch einmal wiederholt zu werden: In einer amerikanischen Studie wurde festgestellt, dass 87 Prozent der Bevölkerung Angst haben, im Schlaf die Füße unter der Bettdecke herauszustrecken, weil sie dann gefressen werden könnten. Emilie ist also nicht allein!

Wenn Emilie erst einmal auf war, bedeutete es oft einen Kampf, sie wieder ins Bett zu bekommen. Gelegentlich ließen die Eltern sie eine Weile aufbleiben und gaben ihr ein Glas Milch und einen Keks, und wenn sie sich wieder hinlegte, musste Vater oder Mutter bei ihr sitzen bleiben, bis sie wieder eingeschlafen war.

Man konnte leicht erkennen, dass diese Lösungen Emilie einen „Sekundärgewinn" brachten, aber ich war nicht davon überzeugt, dass das der Grund dafür war, dass sie voller Panik aufwachte.

Schritt 1: Ein Tagebuch führen

Ich erbat zunächst mehr Informationen über Emilies tägliche Routine und auch darüber, was sie aß. Dabei zeigte sich, dass sie an zwei Abenden der Woche nach der Schule Schwimmstunden hatte, was bedeutete, dass sie spät nach Hause kam und oft auf dem Heimweg im Auto ein paar Sandwiches aß.

Ich bat ihre Eltern, ein Tagebuch zu führen, in dem sie die täglichen Aktivitäten der Tochter aufzeichneten, ebenso das, was sie aß, und die Nächte, in denen sie panisch aufwachte. Ich riet ihnen, sich ein wenig wie Detektive zu verhalten und sich jedes Mal, wenn Emilie abends in Panik geriet, die Frage zu stellen: *„Was hat Emilie in den letzten 24 Stunden getan und gegessen?"*

Schritt 2: TFT-Klopftechnik

Ich zeigte ihnen, wie sie die Klopftechnik anwenden konnten (S. 83), und sie nutzen sie, während Emilie an das Etwas unter ihrem Bett dachte. Außerdem empfahl ich ihnen, die Technik mindestens eine Woche lang jeden Morgen und jeden Abend anzuwenden. Am Abend konnte Emilie das Klopfen mit Affirmationen verbinden. Sie wählte den Satz: *„Ich möchte mich ruhig und entspannt fühlen, wenn ich in meinem Bett schlafe."* Dann folgte eine weitere Klopfrunde mit dem Satz: *„Ich möchte bis zum Morgen tief und fest schlafen."*

Schritt 3: Visualisierungstechnik

Ich brachte Emilie bei, wie sie die beängstigenden Gedanken verändern konnte. Sie konnte klar und deutlich beschreiben, wie dieses „Etwas unter dem Bett" aussah: Es war wie ein grünes Ungeheuer mit spitzen Zacken auf dem Kopf und Fangzähnen. Mithilfe der magischen TV-Fernbedienung (S. 88) veränderte sie die Intensität des Bildes, indem sie die Farben herausnahm, sodass es schwarz-weiß wurde. Dann erklärte sie plötzlich, sie wolle es platt drücken – so flach wie ein Blatt Papier. Und danach beschloss sie, es auf die Hälfte zu falten – und dann noch einmal auf die Hälfte.

Ich fragte sie, was sie als Nächstes tun wollte, und sie war sich nicht sicher. Deshalb schlug ich ihr einige Möglichkeiten vor, und sie entschied sich dafür, „Zurück an den Absender" auf dieses flache Blatt Papier zu schreiben, es zur Post zu bringen und dort in den Briefkasten zu werfen. Sie wollte dieses Ungeheuer loswerden, wollte ihm aber andererseits keinen großen Schaden zufügen.

Ich bat sie, die Augen zu schließen, und machte eine geführte Visualisierungsübung mit ihr, damit sie sich sehen konnte, wie sie ihren Plan ausführte. Sie war sehr zufrieden mit dem Ergebnis und ich sagte Emilie, wenn das Geschöpf je noch einmal nachts in ihren Gedanken auftauchen sollte, wüsste sie ja jetzt genau, was sie zu tun hätte – die Farben herausnehmen, es platt drücken und zur Post bringen.

Nach zwei Wochen schlief Emilie schon wesentlich ruhiger. Das regelmäßige Klopfen verringerte ihr Angstlevel und schon allein das Wissen, dass sie eine Strategie zur Hand hatte, falls das Ungeheuer unter ihrem Bett noch einmal auftauchen sollte, führte dazu, dass es das sehr selten tat.

Durch das Führen eines Tagebuchs konnten Emilies Eltern sehen, dass es einen Zusammenhang zwischen den gestörten Nächten und den Schwimmstunden nach der Schule gab. Emilie kam ziemlich aufgedreht nach Hause und dass sie spät am Abend im Auto die Sandwiches hinunterschlang, war auch nicht hilfreich.

Ich zeigte den Eltern, wie sie die Havening Techniques anwenden konnten („Selbst-Havening", S. 86), und empfahl ihnen, dass sie das jeden Abend, wenn es Zeit zum Schlafengehen war, gemeinsam machen sollten, damit Emilie sich leichter entspannen konnte. Sie lernte diese selbstberuhigende Übung sehr schnell und wenn sie nachts aufwachte, machte sie Havening, statt nach ihren Eltern zu rufen. Die Folge war, dass alle besser schlafen konnten.

Hinweis: Eine andere Option wäre, dass Sie Ihr Kind bitten, ein Bild von dem Ungeheuer zu malen und dann sein Aussehen durch Übermalen zu ändern, ihm etwa andere Farben zu geben und Einzelheiten zu ergänzen – zum Beispiel ein breites, freundliches Lächeln oder sonst etwas, mit dem es komisch wirkt. Emilies Ungeheuer gab keinen Ton von sich, aber wenn es das getan hätte, hätte ich sie dazu ermuntert, auch die Technik zur Lautstärkeregelung anzuwenden („Die Lautstärke regeln", S. 92).

Manche Kinder haben nur „das Gefühl", dass ein Ungeheuer unter ihrem Bett ist, haben aber keine visuelle oder auditive Vorstellung davon, daher wäre es in diesem Fall nicht angemessen, die magische TV-Fernbedienung zu benutzen. Stattdessen würde ich dann danach fragen, wo im Körper das Kind die Angstgefühle spürt, und dann die Umdreh-Technik anwenden („Die Drehrichtung von Gefühlen umkehren", S. 96).

Eine weitere Option ist, dass Sie Ihr Kind fragen, ob es gerne einen imaginären Beschützer neben seinem Bett hätte, der dafür sorgt, dass das Ungeheuer nicht wiederkommt. Geliebte Super-Helden, Figuren aus dem Fernsehen und Haustiere sind gute Kandidaten. Und denken Sie daran, dass das eine Vorstellungsübung ist – Sie brauchen nicht jeden Abend den Labrador der Familie neben dem Bett Ihres Kindes zu parken!

Noch ein letzter Hinweis

Ich hoffe, dass die Informationen in diesem Buch hilfreich für Sie waren und Sie nun in der Lage sind, viele der Strategien in Ihr tägliches Leben einzubauen. Wenn Sie gute, positive Denkmuster einführen, und zwar besser früher als später, hilft das Ihrem Kind, zu lernen, wie es emotional gesund bleiben kann. Die Vorteile dieses Denkens werden nicht nur in der unmittelbaren Zukunft zu spüren sein, sondern sein ganzes Leben lang, daher lohnt sich die Mühe.

Ich weiß, dass es für Eltern sehr ärgerlich sein kann, wenn sie zu hören bekommen „jedes Kind ist anders" – wie praktisch wäre es doch, wenn es eine schnelle Lösung gäbe, die für alle und jeden passt. Nicht jede Technik wird bei jedem Kind funktionieren, deshalb verlieren Sie bitte nicht den Mut, wenn etwas nicht gleich beim ersten Mal klappt. Es ist möglich, ein bisschen mit diesen Techniken herumzuspielen und zu experimentieren, sie so abzuwandeln, dass sie zu Ihren Bedürfnissen passen, und ich hoffe, dieses Buch hat Ihnen zahlreiche Ideen eingegeben, wie Sie das machen können.

Die Informationen in diesem Buch sollten als „Erste Hilfe" angesehen werden. Vielleicht werden Sie feststellen, dass das alles ist, was Sie brauchen, um Ihrem Kind zu helfen, seine Angst zu überwinden, aber wenn Sie das Gefühl haben, es hätte auch weiterhin zu kämpfen, dann holen Sie sich bitte Hilfe bei einer solide qualifizierten Fachkraft. Es gibt zahlreiche gute Menschen, die Ihnen helfen können.

Mit den allerbesten Wünschen für Sie

Alicia Eaton

Danksagung

Ich hatte das Glück, einige der weisesten Menschen auf diesem Planeten kennenzulernen und von ihnen ausgebildet zu werden, und ich danke ihnen dafür, dass sie mich an ihrer Weisheit und ihren Ideen teilhaben ließen. Dank ihrer konnte ich meine Praxis entwickeln und Programme entwerfen, die so vielen Kindern geholfen haben, ihre Probleme und Schwierigkeiten besser zu bewältigen. Paul McKenna steht ganz oben auf der Liste derer, die „mein Leben verändert haben“, sodass ich später dasselbe für viele andere tun konnte; gefolgt von Richard Bandler, dem Mitbegründer des NLP; ebenso Michael Neill aufgrund seines „Inside-Out-Denkens“; Dr. Roger Callahan wegen seiner Erfindung der TFT (Thought Field Therapy; Gedankenfeldtherapie); Dr. Ronald Ruden und sein Bruder Dr. Steven Ruden dank ihrer Havening Techniques; Olive Hickmott aufgrund ihrer Arbeit mit inneren Bildern in der Pädagogik; Dr. Tom Barber und Dr. Sandra Westland, weil sie mich mit Psychotherapie und Hypnose vertraut gemacht haben. Viel verdanke ich auch der Arbeit von Maria Montessori, die mich weiterhin stark beeinflusst.

Danken möchte ich auch meinen vielen Freunden und Freundinnen, Kollegen und Kolleginnen: Es ist immer ein Vergnügen, meine Ideen mit ihnen zu diskutieren – ich lerne bei jedem Gespräch, so kurz und flüchtig es auch sein mag, etwas Neues. Besonders danke ich Toni McGuinness, Michele Paradise und Dr. Stephen Simpson.

Außerdem danke ich Alison Jones von Practical Inspiration Publishing für ihre Geduld damit, dass ich meinen Text tausendmal umgestellt habe, Liz Carrington für ihre Beratung bei der grafischen Gestaltung und Emily Calnan für ihre Umschlaggestaltung.

Zu guter Letzt und insbesondere auch den drei hell strahlenden Lichtern in meinem Leben: George, Thomas und Clementine.

Über die Autorin

Alicia Eaton war ursprünglich AMI Montessori-Lehrerin (Association Montessori Internationale) und führte fünf Jahre lang eine eigene Schule. Anschließend nahm sie an Studien- und Ausbildungsgängen am Anna Freud Centre in London teil. Im Jahr 2003 ließ sie sich zur *Integrativen Psychotherapeutin* ausbilden, mit Schwerpunkt *Clinical Hypnotherapy / Klinische Hypnose.* Danach absolvierte sie zahlreiche Trainingskurse in *NLP* bei Paul McKenna und assistierte ihm viele Jahre lang bei seinen Seminaren. Inzwischen ist sie selbst als *Trainerin* qualifiziert und leitet Workshops über zahlreiche Themen, auch über Elternschaft und Erziehung. Im Lauf der Jahre hat sie ihr Methodenrepertoire darüber hinaus um Ausbildungen in *Thought Field Therapy (TFT oder Klopfen), Havening Techniques, Mindfulness* am Oxford Mindfulness Centre und *Childhood Obesity* am National Centre for Eating Disorders (Fettleibigkeit bei Kindern am Zentrum für Essstörungen) erweitert.

Alicia Eaton führt seit 2004 eine erfolgreiche Praxis in der Harley Street in London, und ihre einzigartige Kombination von Psychologie und praktischen Erziehungsratschlägen bedeutet, dass sie häufig die erste Adresse für Eltern ist, die Hilfe suchen, um eine Verhaltensänderung und emotionales Wohlbefinden ihrer Kinder zu erreichen. Alicia Eaton hilft Eltern, ihre Kinder bei einer breiten Palette von Schwierigkeiten auf den rechten Weg zu führen, angefangen bei Ängsten und Phobien über Essstörungen, Daumenlutschen, Nägelkauen, Bettnässen bis hin zu Schlafproblemen. Über Alicia Eatons Arbeit wird regelmäßig in den Medien berichtet, wie etwa im Radio in der BBC und in den Zeitungen und Zeitschriften *The Telegraph, Daily Mail, The Sun, Mother & Baby* sowie in *Fox News* und *9Jumpin'*.

Ihre Bücher sind sehr beliebt, weil ihr Stil leicht zu lesen ist und mit ihrer Hilfe schnell Ergebnisse zu erzielen sind.

Weitere Angaben finden Sie unter ↗ https://www.aliciaeaton.co.uk.